纺织高职高专"十二五"部委级规划教材

纺织品外贸跟单

周　燕　主　编

秦传香　副主编

中国纺织出版社

内 容 提 要

本书按照纺织品跟单的整个流程详细介绍了纺织品中纤维、纱线、面料在跟单中的样品开发及产品报价基础知识,纺织品跟单的整个流程及常见问题处理,织造跟单的相关工作,染整跟单的完整流程及质量控制等内容。最后还安排了综合训练,针对纺织品外单材料进行实践练习。全书将单个环节项目任务化,每个项目分为若干个子任务,每个学习任务都与不同时期的跟单工作紧密联系,便于读者逐步掌握跟单知识要点,具有很强的实用性和可操作性。

本书可作为高职高专院校纺织工程、国际贸易和其他相关专业的教材,也可作为从事纺织品外贸跟单业务人员的参考书。

图书在版编目(CIP)数据

纺织品外贸跟单/周燕主编.—北京:中国纺织出版社,2014.3(2023.1重印)

纺织高职高专"十二五"部委级规划教材

ISBN 978 - 7 - 5180 - 0436 - 2

Ⅰ.①纺… Ⅱ.①周… Ⅲ.①纺织品—市场营销学—高等职业教育—教材 Ⅳ.①F768

中国版本图书馆 CIP 数据核字(2014)第 031234 号

策划编辑:孔会云 特约编辑:王文仙 责任校对:余静雯
责任设计:何 建 责任印制:何 艳

中国纺织出版社出版发行
地址:北京市朝阳区百子湾东里 A407 号楼 邮政编码:100124
销售电话:010—67004422 传真:010—87155801
http://www.c-textilep.com
中国纺织出版社天猫旗舰店
官方微博 http://weibo.com/2119887771
北京虎彩文化传播有限公司印刷 各地新华书店经销
2014年3月第1版 2023年1月第9次印刷
开本:787×1092 1/16 印张:8.75
字数:172千字 定价:36.00元

| 出版者的话 |

《国家中长期教育改革和发展规划纲要》(简称《纲要》)中提出"要大力发展职业教育"。职业教育要"把提高质量作为重点。以服务为宗旨,以就业为导向,推进教育教学改革。实行工学结合、校企合作、顶岗实习的人才培养模式"。为全面贯彻落实《纲要》,中国纺织服装教育学会协同中国纺织出版社,认真组织制订"十二五"部委级教材规划,组织专家对各院校上报的"十二五"规划教材选题进行认真评选,力求使教材出版与教学改革和课程建设发展相适应,并对项目式教学模式的配套教材进行了探索,充分体现职业技能培养的特点。在教材的编写上重视实践和实训环节内容,使教材内容具有以下三个特点。

(1)围绕一个核心——育人目标。根据教育规律和课程设置特点,从培养学生学习兴趣和提高职业技能入手,教材内容围绕生产实际和教学需要展开,形式上力求突出重点,强调实践。附有课程设置指导,并于章首介绍本章知识点、重点、难点及专业技能,章后附形式多样的思考题等,提高教材的可读性,增加学生学习兴趣和自学能力。

(2)突出一个环节——实践环节。教材出版突出高职教育和应用性学科的特点,注重理论与生产实践的结合,有针对性地设置教材内容,增加实践、实验内容,并通过多媒体等形式,直观反映生产实践的最新成果。

(3)实现一个立体——开发立体化教材体系。充分利用现代教育技术手段,构建数字教育资源平台,开发教学课件、音像制品、素材库、试题库等多种立体化的配套教材,以直观的形式和丰富的表达充分展现教学内容。

教材出版是教育发展中的重要组成部分,为出版高质量的教材,出版社严格甄选作者,组织专家评审,并对出版全过程进行跟踪,及时了解教材编写进度、编写质量,力求做到作者权威、编辑专业、审读严格、精品出版。我们愿与院校一起,共同探讨、完善教材出版,不断推出精品教材,以适应我国职业教育的发展要求。

中国纺织出版社

教材出版中心

前 言

　　纺织工业作为国民经济的传统支柱产业、重要的民生产业和国际竞争优势明显的产业,在繁荣市场、吸纳就业、增加农民收入、加快城镇化进程以及促进社会和谐发展等方面发挥了重要作用。

　　2012年中国纺织行业结构调整和产业升级继续推进,运行质量稳步提高,经济增速整体呈缓中趋稳走势。2012年全国3.7万户规模以上纺织企业工业总产值达到57810亿元,同比增长12.3%;2012年全行业500万元以上项目固定资产投资总额达到7793亿元,同比增长14.6%;全社会纺织品服装出口总额达到2625.6亿美元,同比增长3.3%。

　　纺织工业是一个市场化程度较高的行业,它的发展直接关系到国民经济的稳定,关系到推进工业结构优化升级的战略大局。纺织品跟单及染整跟单在纺织品贸易中的作用越来越显著,为了更好地拓展高职院校纺织专业及染整专业学生的职业技能及专业知识,满足初涉纺织品跟单及染整跟单工作人员的学习需求,我们编写了这本《纺织品外贸跟单》一书,以期积极推进我国纺织行业参与国际贸易、提高我国纺织品在国际上的竞争力,也对纺织企业和贸易公司提出了更高的要求。如何了解国内外客户在纺织品贸易中的习惯和要求,在技术上合理避免可能发生的贸易摩擦,是国内贸易公司要学习的地方。为了更好地控制纺织品在纺织印染企业内的加工生产,及时准确地交流产品的加工要求,控制产品的加工进度,贸易公司都会向生产企业派出跟单员,跟单员的业务水平直接影响纺织品加工的质量控制水平。纺织品跟单员需要系统地了解纺织品跟单的基本流程、控制方法和控制重点,提高跟单的质量控制水平,才能更好地胜任纺织品跟单员的工作岗位。

　　本书由苏州经贸职业技术学院的周燕主编并统稿。项目一、项目四由周燕及苏州经贸职业技术学院的许磊编写;项目二、项目三由周燕及苏州经贸职业技术学院的刘雷艮编写;项目五由周燕、许磊及刘雷艮合作共同编写。

　　在本书的编写中,我们参考了较多同类教材,并得到了企业的大力支持,在此表示真诚的谢意。由于编者水平所限,书中的不足之处在所难免,不妥之处,敬请广大专家及读者批评指正。

编者
2013 年 12 月

目 录

项目一　纺织品基础知识

【项目导入】

在纺织品跟单中,了解纺织品的基本性质,对于更好地进行纺织品跟单具有重要作用。本项目从基础知识入手,简要介绍纺织品的原料组成、组织结构和织物规格对纺织品在纺织加工过程中的影响。

任务一　纤维与纱线

【任务导入】

某外贸公司跟单员接到一位客户的手感样询价,作为跟单员应了解该面料属于哪一种纺织纤维,如何鉴别。

【知识要点】

一、纺织纤维

1. 纤维的分类

用于生产纺织制品的纤维称为纺织纤维。纺织纤维的种类繁多,主要分为天然纤维和化学纤维两大类。具体分类如图 1-1 所示。

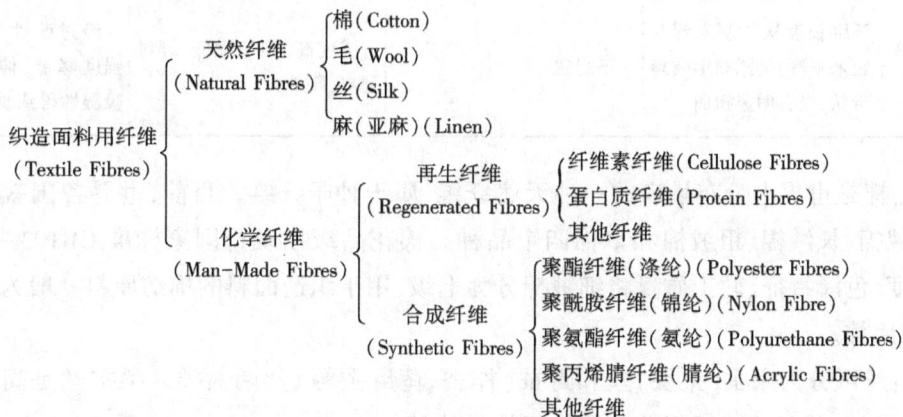

织造面料用纤维
（Textile Fibres）
- 天然纤维（Natural Fibres）
  - 棉（Cotton）
  - 毛（Wool）
  - 丝（Silk）
  - 麻（亚麻）（Linen）
- 化学纤维（Man-Made Fibres）
  - 再生纤维（Regenerated Fibres）
    - 纤维素纤维（Cellulose Fibres）
    - 蛋白质纤维（Protein Fibres）
    - 其他纤维
  - 合成纤维（Synthetic Fibres）
    - 聚酯纤维（涤纶）（Polyester Fibres）
    - 聚酰胺纤维（锦纶）（Nylon Fibre）
    - 聚氨酯纤维（氨纶）（Polyurethane Fibres）
    - 聚丙烯腈纤维（腈纶）（Acrylic Fibres）
    - 其他纤维

图 1-1　织造面料用纤维的分类

（1）天然纤维:从自然界直接获取的纤维称为天然纤维,常见的有棉、麻、毛和丝。其中,棉又可以分为普通白棉和彩色棉两种,彩色棉是经过科学培育出来的有颜色棉花;麻纤维有亚麻和苎麻两种;毛常用的种类很多,如羊毛、兔毛和驼毛等;丝包括桑蚕丝和柞蚕丝。

(2)化学纤维:由人工合成的纤维称为化学纤维,常见的有黏胶纤维、蛋白质纤维、聚酯纤维等。化学纤维又可分为再生纤维和合成纤维两类。再生纤维是以自然界已经存在的高分子物质作为原料(如棉籽、木浆、大豆等),经过化学合成而制得的纤维。合成纤维是以人工合成的高分子化合物为原料制成的化学纤维。

2. 织造常用纤维的特性

(1)天然纤维:天然纤维的主要性能特点见表1-1。

表1-1　天然纤维的主要性能

特性 纤维	形态结构	化学性质	机械性质	其他性能
棉	纤维长度在15~31mm,纵向呈具有转曲的带状,截面呈腰圆形	耐碱,不耐酸。棉织物常利用耐碱的特点进行丝光处理;利用不耐酸的特点进行透明印花	在浸湿状态下,强力增加10%左右,但湿度过低,强力较差,弹性较差	吸湿性较好,回潮率为8%。无静电现象,吸湿排汗性较好。棉织物穿着舒适,无起球现象,手感柔软
丝	大部分生丝的横截面呈椭圆形,长度较长	不耐酸、碱和盐。蚕丝产品不宜用碱性大的肥皂洗涤	强度大。在天然纤维中,丝的强度是最大的,其湿态强度相当于干态强度的80%,所以洗涤蚕丝产品时,不宜强力搓扭	吸湿性高,吸收和散发水分甚为迅速,适合作夏季面料
羊毛	纤维长度在45~60mm,有天然卷曲,蓬松,表面有鳞片	耐酸,不耐碱	缩绒性是羊毛纤维特有的性能	吸湿性好。羊毛纤维的吸湿性能是所有纺织纤维中最强的。在一般大气条件下,羊毛的回潮率可达16%
苎麻	纤维长度从几厘米到几十厘米不等,呈圆筒形或扁平带状,没有明显扭曲	不耐酸	强度高,伸长率低,纤维硬挺,刚性大	经过改性的苎麻纤维强度降低,伸长率提高,吸湿性得到改善

① 棉:棉是世界上分布最广的一种天然纤维,属于种子纤维。目前,世界各国栽培的棉花主要有细绒棉、长绒棉、粗绒棉和草棉四个品种。棉花品级按现行国家标准 GB103—72 规定,根据成熟度、色泽特征、轧工质量将细绒棉分为七级,用于织造面料的棉纺原料一般为一级至五级,称为纺用棉。

② 丝:丝可分为家蚕(桑蚕)丝和野蚕(柞蚕、蓖麻蚕等)丝两大类。桑蚕丝是高级的纺织原料,性能良好,是目前纺织行业使用较多的一种丝。

③ 羊毛:羊毛的质量取决于羊的品种、气候和剪毛的时间,即使在同一只羊身上,剪毛部位不同,质量也不同。

④ 麻:麻纤维是从各种麻类植物取得的纤维的统称,包括韧皮纤维和叶纤维。麻纤维品种

繁多,其中苎麻和亚麻可用于夏季服装面料。

（2）化学纤维:其主要性能特点见表1-2。

表1-2 化学纤维的主要性能

特性 纤维	化学性质	机械性质	吸湿及染色性	其他性能
黏胶纤维	耐碱性强,但酸会对其造成损害,甚至使其溶解	强度较低,耐磨性较差,易折皱。湿润状态下,强度仅为干燥状态下的40%~50%	高吸湿性(回潮率可达13%),染色性能很好,不会产生静电,无起球现象	耐光性较好,抗老化能力强,易于储存。但是霉菌会对它造成损害
聚酯纤维 (涤纶)	耐酸,不耐强碱	强度高,耐磨性好,具有良好的弹性,浸湿状态下强度不会改变	吸湿性很低,几乎是所有纤维中回潮率最小的,只有0.4%~0.5%。不能采用一般方法染色	容易吸油,易产生静电,易起毛起球。不会受霉菌、细菌、蛀虫的损害,耐光性(耐晒)较好
聚丙烯腈纤维(腈纶)	耐酸,但耐碱性稍差,遇到稀碱或氨水时,纤维会变黄,如受浓碱作用,纤维会受到破坏	耐磨性一般,弹性较好,优于化学纤维和棉、麻,但比羊毛差	吸湿性较差,标准条件下的回潮率为1.2%~2.0%。染色性能较好,通常使用阳离子染料染色,并且染色后的颜色鲜艳	耐日光性在所有纤维中是最好的,其耐热性仅次于涤纶。不会被霉菌、细菌及蛀虫损害,但耐磨性差、吸湿性差,易产生静电,易起球
聚酰胺纤维 (锦纶)	耐碱,但不耐酸	耐磨性是纺织纤维中最好的,强度高,回弹性好	吸湿率低,染色性能较好,可用各类染料染色	不易霉烂,不怕虫蛀
聚氨酯纤维 (氨纶)	耐酸,不耐碱	高弹性,拉伸后回复性好(基本可以回复原状),但强度一般	吸湿性较差(回潮率为1%),染色性能好	无静电及起球现象,在150℃时会变黄并失去弹性,但不受霉菌及蛀虫的损害

① 黏胶纤维:黏胶纤维(Viscose Fibres)是再生纤维素纤维的主要品种,其主要成分是纤维素,是从纤维素原料(如树木、秸秆、棉短绒等)中提取并经过加工制造而成的。黏胶纤维主要有黏胶长丝、黏胶短纤维和富强纤维等品种。

② 聚酯纤维:我国商品名称为涤纶(PET),用 T 表示,涤纶是化学纤维中最常见的一种合成纤维。涤纶可以加工成短纤维和长丝两种形式,其中后者比较常用。涤纶长丝根据工艺的不同,又可以分为初生丝、拉伸丝和变形丝三种类别。常见的初生丝有未拉伸丝(UDY)、半预取向丝(MOY)、预取向丝(POY)和高取向丝(HOY);常见的拉伸丝有拉伸丝(DY)、全拉伸丝(FDY)和全取丝(FOY);常见的变形丝有常规变形丝(DY)、拉伸变形丝(DTY)和空气变形丝(ATY)。涤纶可以纯纺,也可以与其他纤维混纺。涤纶面料的最大特点是抗皱性和保形性好,面料挺括不皱,尺寸稳定,易洗快干。

③ 聚丙烯腈纤维:我国商品名称为腈纶(PVN),用 A 表示,美国称为"奥纶(Orlon)",日本称为"开司米纶(Cashmilon)"。由于其性质近似羊毛,故有合成羊毛之称。腈纶以短纤维为主,可以纯纺,也可以与羊毛或其他纤维混纺。

④ 聚酰胺纤维:我国商品名称为锦纶(PA),用 N 表示,又称为尼龙、耐纶,是美国杜邦公司

(DuPont)最早开发出来的一种合成纤维,其品种很多,常用的品种有锦纶6和锦纶66。广泛应用于生产袜子、外衣、运动服装等产品。

⑤ 聚氨酯纤维:我国商品名称为氨纶(OP),又称为莱卡(Lycra),属于弹性纤维,伸长率可达500%以上。通常氨纶用作针织面料的支撑性材料,即以氨纶裸丝衬入针织面料中,或以氨纶包覆性纱线参加编织,从而使面料具有弹性。

(3)新型纤维:除了以上常见纤维外,近几年出现了很多种新型纤维材料,下面介绍几种常见的。

① Tencel 纤维(天丝):学名为 Lyocell 纤维,它是集棉的舒适性、黏胶纤维的吸湿悬垂性、涤纶的强力以及真丝的手感于一体的绿色纤维。其面料的耐洗性好,免熨性好,缩水率低,吸湿性能好,具有良好的穿着性能。

② 大豆蛋白纤维:此纤维是我国独立研制并实现产业化生产的新型再生蛋白质纤维,它兼有天然纤维和化学纤维的许多优点,纤维本身可生物降解,生产过程对环境无污染,属于环保性纤维。

大豆蛋白纤维弹力伸长高,富有光泽,耐酸、耐碱性能好,吸湿性、导湿性均优良。其织物手感柔软、光滑,具有良好的吸湿透气性,具有真丝般的光泽,抗皱性优于真丝,尺寸稳定性好。大豆蛋白纤维外层基本上是蛋白质,与人体皮肤亲和性好,且含有多种人体所必需的氨基酸,具有良好的保健作用。

③ Coolmax 纤维:Coolmax 纤维是一种聚酯纤维,截面呈十字形,表面具有 4 个凹槽,可导湿,舒适性好,被称为会呼吸的纤维。

Coolmax 纤维织物不仅透湿性能良好,而且它的透气性能也较好,因此穿着舒适。它不易褪色,抗起皱,且尺寸稳定性好,有多种用途,可制作运动服、便服、旅行服、内衣和袜子等产品。

④ 竹纤维:竹纤维(Bamboo Fibres)的性能与黏胶纤维相类似,竹纤维织物具有良好的吸湿、透气性,有较强的耐磨性和良好的染色性,它还具有天然抗菌、抑菌、除螨、防臭和抗紫外线功能。

⑤ Modal(莫代尔)纤维:Modal 纤维是一种全新的再生纤维素纤维,具有纯棉和涤纶的优良特性,纤维柔滑、光洁,强力和韧性类似于合成纤维,比棉和黏胶纤维高,所以织物的尺寸稳定性和抗皱性均优于纯棉织物;Modal 纤维的吸湿能力比棉纤维高出50%,面料穿着舒适;另外,面料的手感柔软,悬垂性好。

⑥ 甲壳素纤维:甲壳素纤维(Chitin)是由蟹、龙虾及对虾等甲壳纲类动物的壳加工制得的天然绿色保健纤维。由于甲壳素的氨基与羟基具有很高的亲水性,所以甲壳素纤维具有优良的吸湿和保湿功能。采用甲壳素纤维与棉混纺的织物服用性能优良,柔软滑爽,对人体无刺激性,具有抗菌除臭的功能,在保健服饰应用开发方面有着广阔的发展前景。

3. 纤维的鉴别方法

无论是纺织生产中对原料的检验,还是纺织贸易中对客户来样的分析,都需要对纤维材料进行鉴别。有些面料或纱线是由同一纤维构成的,有些面料则是由混纺纱线纺织而成的,混纺纱线中的纤维的鉴别比较复杂。纤维鉴别就是利用不同纤维外观形态或内在性质的差别,通过一定的物理或化学方法将它们区分开。鉴别的方法很多,如手感目测法、燃烧法、显微镜鉴别法、药品着色法、化学溶解法等,有时一种方法难以鉴别出样品,则需将多种方法结合使用。

(1)手感目测法(Handle and Observation):手感目测法是纤维鉴别方法中最简单的一种。呈散纤维状态的纺织原料,可以根据纤维的外观形态、色泽、手感及手拉强度等特征进行简单区分。此方法主要用于天然纤维和化学纤维的大类区分以及棉、毛、丝、麻的区分,而用此方法无法鉴别合成纤维的种类。

(2)燃烧法(Burn Testing):燃烧法简单实用,主要借助各种纤维燃烧的气味和灰烬,对纤维种类进行鉴别。但这种方法只能粗略地区分纤维的大类,对于同类的纤维(化学成分相同,如棉、黏胶纤维),由于燃烧特征基本一样,不容易区别。常用纤维的燃烧特征见表1-3。

表1-3 常见纤维的燃烧特征

纤维 ＼ 特征	燃烧情况	气 味	残余物特征
棉	燃烧很快,产生黄色火焰及蓝烟;不收缩	有烧纸的气味	灰烬少,灰末细软,呈浅灰色
蚕丝	燃烧慢,烧时缩成一团;收缩	有烧毛发的臭味	黑褐色小球,用手指一压就碎
羊毛	一边徐徐冒烟起泡,一边燃烧;收缩	有烧毛发的臭味	灰烬多,为有光泽的黑色发脆块状物
麻	燃烧特征与棉相同		
黏胶纤维	燃烧特征与棉相同		
聚酯纤维	燃烧时纤维卷缩,一边融化,一边燃烧,有黄色火焰	有芳香气味	浅褐色硬块,可用手捻碎
聚酰胺纤维	一边融化,一边缓慢燃烧,烧时无烟,火焰很小,呈蓝色	有芹菜香味	浅褐色硬块,不易捻碎
聚丙烯腈纤维	一边融化,一边缓慢燃烧,火焰呈白色,明亮有力,略有黑烟	由鱼腥臭味	黑色圆球,脆而易碎

(3)显微镜鉴别法(Microscopy):显微镜鉴别法是借助显微镜观察纤维纵向形态和截面形态的方法,对于微观形态有区别的天然纤维和化学纤维的鉴别,此方法比较准确。但对于具有相同微观形态的纤维,如涤纶和锦纶,则无法准确区分。常见化学纤维的形态特征见表1-4。

表1-4 常见化学纤维的形态特征

纤维 ＼ 形态特征	纵 向	截 面
黏胶纤维	纵向有沟槽	锯齿形
聚酯纤维	表面光滑,平直丰满	圆形
聚丙烯腈纤维	平滑或有一两根沟槽	圆形或哑铃形
聚酰胺纤维	平滑	圆形

(4)药品着色法(Chemical Staining Method):利用某种化学药品对纤维的着色性能,可以迅速鉴别纤维的品种。此法适宜于鉴别未染色的散纤维或纯纺纱线织物,几种常见纤维的着色反

应见表1-5。

表1-5　几种常见纤维的着色反应

纤维 ＼ 着色溶剂	锡米着色剂 A	碘、碘化钾	HZ1 号着色剂
棉	蓝色	不染色	灰色
麻	紫蓝色	不染色	青莲色
蚕丝	褐色	淡黄色	深紫色
羊毛	鲜黄色	淡黄色	红莲色
黏胶纤维	紫红色	黑青绿色	蓝绿色
锦纶	淡黄色	黑褐色	酱红色
腈纶	微红色	褐色	桃红色
涤纶	微紫色	不染色	红玉色

（5）溶剂溶解辨别法（Solvent）：利用各种纤维在不同的化学溶剂或溶液中的溶剂性能来区别各种纤维的方法，这种方法的应用十分广泛。根据手感目测法和显微镜观察等方法初步鉴定后，再用溶解法加以证实，可以确定各种纤维的具体品种。也可应用于混纺纱中比例的测定，见表1-6。

表1-6　常见纤维在不同化学溶剂中的溶解情况

纤维 ＼ 药品及实验状态	氢氧化钠(5%)煮沸15min	盐酸(20%)室温15min	盐酸(35%)室温15min	硫酸(70%)25℃15min	甲酸(90%)室温5min	冰醋酸煮沸20min	铜氨溶液室温30min	硫氰酸钾(65%)20~70℃30min	丙酮(80%)23~25℃30min	基甲胺40~45℃20min	氯苯煮沸5min	苯酚90~100℃100min	四氢呋喃23~25℃10min
棉	×	×	×	○	×	×	○	×	×	×	×	×	×
羊毛	○	×	×	×	×	×	×	×	×	×	×	×	×
麻	×	×	×	○	×	×	○	×	×	×	×	×	×
黏胶纤维	×	×	×	×	×	×	○	×	×	×	×	×	×
涤纶	×	×	×	×	×	×	×	×	×	○	×	—	×
锦纶	×	○	○	○	○	×	○	×	×	×	×	×	×
腈纶	×	×	×	×	×	×	×	○	×	×	×	×	×
氯纶	×	×	×	×	×	×	×	×	×	×	×	收缩	○
蚕丝	○	×	×	×	×	×	×	×	×	×	×	×	×

注　×代表不溶解；○代表溶解。

由于动物纤维之间的区分比较困难，如山羊绒和绵羊绒之间的鉴别就很困难，用以上方法都很难鉴别出来。对这类纤维的鉴别，可通过专业检验机构进行鉴别。

二、纱线

（一）纱线的品种

纺织纤维经过加工形成纱线（Yarn），纱线是织物的基本材料，纱线按不同的分类依据可以分为很多种类,如按外形结构可以分为单纱和股线,按纤维原料组成又可分为纯纺纱和混纺纱。

1. 按纤维长短分类

(1)短纤纱:短纤纱(Staple Yarn)是由短纤维经过加工得到的纱线,这些短纤维可以是天然纤维,也可以是化学纤维。

(2)长纱丝:长纱丝(Filament Yarn)是由长丝经过加工得到的纱线,如涤纶长丝纱线。

(3)新型纱线:主要是指花式纱线(Novelty Yarn or Fancy yarns),其纱线的结构、截面、颜色、外观形态不同于一般的纱线。各类花式纱线根据其原料组成、外观、手感及线密度大小等不同的特点,可以形成多种风格的产品,被广泛应用于服装、装饰织物和手工编结线等领域。常用的花式纱线有如下几种。

① 膨体纱(Bulky Yarn):利用纤维的热收缩性不同,将混纺纱线放在蒸汽、热空气或沸水中处理,此时收缩率高的纤维产生较大收缩,位于纱的中心,而混在一起的低收缩纤维由于收缩小,被挤压在纱线的表面形成圈形,从而得到变形纱,如常见的腈纶膨体纱。由膨体纱构成的织物柔软、蓬松,仿毛效果好。

② 包芯纱(Composite Yarn or Core-spun Yarn):以一种纤维(如化学纤维长丝)作为纱芯,而在纱芯周围包覆或包缠另一种纤维(如天然纤维)纺制而成。不同性能的纤维材料纺成包芯纱,可以取得比单一纤维更加优越的性能。如采用以氨纶长丝为芯纱,棉纤维为包纱的氨纶包芯纱,用于制作弹力牛仔布、弹力灯芯绒等。

③ 金银丝(Metal Yarn):以金箔、银箔等金属制品或者涤纶薄膜制成。织物外观明亮,装饰性强。

④ 花色纱线:采用特殊工艺纺制,具有特殊外观形态的纱线。如疙瘩纱(Big-belly Yarn)、螺旋花线(Corkscrew Thread)、竹节纱(Slub Yarn)、毛圈纱(Loop Yarn)、结子纱(Knot Yarn)、雪尼尔纱(Chenille Yarn)等。由花色纱线构成的织物,外观丰富,立体感强,且手感柔软。如结子花线织物表面存在许多结子,使织物表面风格粗犷。

⑤ 网格丝:化学纤维在纺丝尚未成型时,让部分丝抱合在一起而形成的。这种纱线手感柔软,仿毛效果好。

2. 按外形结构分类

短纤纱按外形结构又可以分为单纱与股线。

(1)单纱(Single Yarn):短纤维通过纺纱工程制成的产品称为单纱。长丝的线型集合体也称单纱,可由单丝组成或多根长丝并合加捻而成。

(2)股线(Ply Yarn):由两根或两根以上的单纱并合加捻的产品称为股线。服装面料使用较广泛的是双股线,三股及以上的股线多用于缝纫线及其他用途。

3. 按纤维原料组分分类

(1)纯纺纱(Pure Yarn):由同一种纤维组成,如纯棉纱线、亚麻纱、毛纱线、黏胶纤维纱线、腈纶纱线、涤纶纱线、锦纶纱线等。

(2)混纺纱(Blended Yarn):由两种或两种以上不同纤维混合后纺成的纱。常见的有涤/棉混纺纱、麻/棉混纺纱、麻/黏混纺纱、涤/黏混纺纱、棉/黏混纺纱等。麻灰纱也是一种混纺纱,它是用有色纤维和本色纤维混合纺制而成的,如将部分棉纤维染黑,再与部分本白棉纤维混纺,称为纯棉麻灰纱;采用部分黑色涤纶,再与本白棉纤维混纺,称为涤/棉麻灰纱。麻灰纱织成的坯布一般不需染色。

4. 按纺纱系统分类

根据纺纱系统(Spinning System)的不同可以分为粗梳纱(Carded Yarn)、精梳纱(Combed Yarn)和废纺纱(Waste Yarn)。

5. 按纺织方法分类

根据纺纱方法的不同可以分为环锭纱(Ring Spinning Yarn)、自由端纱(Open-end Spinning Yarn,包括转杯纺纱、静电纺纱、涡流纺纱等)、非自由端纱(自捻纺纱、喷气纺纱等)与无捻纱(Twistless Spinning Yarn)等。

(二)纱线的基本术语

1. 公定回潮率(Official Moisture Regain)

回潮率是所有纺织原料固有的特性,它表示纤维或纱线吸收水分能力的大小,是指纱线所含水分重量占其干燥重量的百分率。同一试样,回潮率不同,重量也不同。常用纱线的公定回潮率见表1-7。

表1-7 常用纱线的公定回潮率

纱线种类	公定回潮率(%)	纱线种类	公定回潮率(%)
棉纱	8.5	黏胶短纤纱	13.0
亚麻纱	12.0	锦纶纱及长丝	4.5
苎麻纱	10.0	涤纶纱及长丝	0.4
精梳毛纱	16.0	腈纶纱	2.0
粗梳毛纱	15.0	维纶纱	5.0
绢纺蚕丝	11.0	涤/棉混纺纱(65/35)	3.2

2. 纱线的细度指标

细度(Fineness)是纱线最重要的指标,它决定着纱线的粗细规格。由于纱线的表面有毛羽,截面形状不规则且易变形,所以纱线的细度指标一般不采用直径或截面面积,而采用与截面面积成比例的间接指标,其中有线密度、公制支数、英制支数与纤度。

(1)线密度:是在公定回潮率下,1000m纱线重量的克数(g)。对于棉纱线俗称为号数。我国纺织行业广泛使用这一指标,它也是国际法定计量单位。线密度为定长制指标,用 Tt 表示。如18.2tex棉纱,表示1000m长棉纱的重量为18.2g,相当于32英支的棉纱。

股线的线密度以组成股线的单纱线密度乘以股数表示,如14tex×2表示由14tex单纱组成的双股纱线。当股线中单纱的线密度不同时,股线的线密度以单纱的线密度相加表示,如14tex+18tex。

(2)公制支数(Metric Count):是在公定回潮率下,1g重量纱线所具有的长度(m)。公制支数属于定重制,即纱线越细,公制支数越高。公制支数通常用于表述短纤维(棉型)纱的粗细程度,简称公支,用 N_m 表示。

（3）英制支数（English Count）：是在公定回潮率9.89%时，1磅（453.6g）重的纱线所具有长度840码（1码=0.9144m）的倍数。英制支数也属于定重制，纱线越细，英制支数越高。英制支数简称英支，用Ne有示。

股线的支数以组成股线的单纱支数除以股数表示，如40英支/2表示由两根40英支单纱合股而成的股线。如果组成股线的单纱的英制支数不同，股线的英制支数以单纱的英制支数相除表示，如24英支/48英支。

（4）纤度：是表示长丝纱线或纤维粗细的指标，用D表示。纤度是定长制指标，表示9000m长的纱线或纤维所具有重量的克数，单位为旦尼尔，简称为旦。如100旦涤纶长丝，是指9000m涤纶长丝的重量是100g。定长制指标的数值越大，其重量就越重，纱线就越粗；反之，数值越小，纱线就越细。

长纱的旦数也由两组数字表示，前面的数字表示旦数（粗细），后一组数字表示组成长丝的单丝根数。如150旦/48F，表示长丝的粗细是150旦，由48根单丝组成。

3. 纱线细度指标间的换算关系

表示纱线粗细的指标，无论是定重制还是定长制，均用重量和长度的关系来表述，因此这几项指标存在着换算关系。计算纱线粗细时，还要考虑回潮率的因素。

（1）线密度Tt与公制支数N_m及旦数D之间的关系：

$$Tt \times N_m = 1000$$

$$D = 9 \times Tt$$

例：150旦的长丝，公制支数N_m为60公支，线密度Tt为16.67tex。

（2）英制支数N_e与公制支数N_m及线密度Tt之间的关系：

$$N_e = C/Tt$$

$$N_e = 0.5905 \times N_m \times (1+公制公定回潮率)/(1+英制公定回潮率)$$

由于纱线的英制公定回潮率与公制公定回潮率不同，所以涉及英制支数换算时要考虑英制公定回潮率。公式中的C为换算常数，不同类型的纱线换算常数不同。如棉型纱线的换算常数为583；纯化纤纱没有公定回潮率的差异，所以不考虑回潮率的因素，其换算常数为590.5。常用纱线在公定回潮率下的换算常数见表1-8。

表1-8 常用纱线的换算常数

纱线种类	混纺比	英制公定回潮率	线密度制公定回潮率	换算系数
棉	100	9.89	8.50	583
纯化纤	100	化纤公定回潮率	化纤公定回潮率	590.5
涤/棉	65/35	3.70	3.20	588
维/棉	50/50	7.45	6.80	587
腈/棉	50/50	5.95	5.25	587
丙/棉	50/50	4.95	4.30	587

4. 纱线品种的表示方法

纱线品种通常标识在外包装物上，有短纤纱与长丝两种表示形式。

（1）短纤纱的表示方法：

原料+生产过程+纱线细度+成纱形态+用途

① 原料：通常用代号表示。C 表示棉、T 表示涤纶、A 表示腈纶、R 表示黏胶纤维、P 表示锦纶、V 表示维纶、F 表示富强纤维，但纯棉纱通常不加代号。

② 生产过程：分普梳和精梳。J 表示精梳，普梳通常不加代号。

③ 纱线细度：国内贸易一般采用线密度（tex）表示，出口纱或进口纱一般用英支表示。

④ 成纱形态：R 表示绞纱，D 表示筒子纱，G 表示烧毛纱。

⑤ 用途：T 表示机织用经纱，W 表示机织用纬纱，K 表示针织用纱。

例：18.2texK 表示纯棉普梳、细度为 18.2tex 的针织用纱；T65/C35JDK 表示 65% 涤纶与 35% 棉混纺精梳筒子针织用纱；18.2tex×2JDT（或 32 英支/2JDT）表示为 18.2tex 双股精梳筒子机织用经纱。

（2）长丝的表示方法：

原料+纤度/合成根数+性能

长丝的原料通常直接用名称表示，不用代号。如涤纶 150 旦 36F 低弹丝，其含义是涤纶长丝，纤度为 150 旦，由 36 根组成的低弹弹力丝。氨纶、黏胶纤维等长丝均用此方法表示。

任务二　面料

【任务导入】

某外贸公司跟单员接到一位客户的布样，作为跟单员就应了解该布样属于哪一种面料，组织结构和织物规格如何？进而要了解加工工艺怎样？

【知识要点】

一、面料的分类

根据织制方法不同，面料分为机织面料（Woven Fabric）、针织面料（Knitted Fabric）和非织造布（Non-Woven Fabric）三类。本书主要介绍机织面料与针织面料。

1. 机织面料

通常把经纱（Warp）和纬纱（Weft or Filling）按一定方式交织而成的面料称为机织面料或梭织面料。其中，经纱是指经向的纱线，纬纱是指纬向的纱线，这里所说的一定方式是指织物组织（Textile Weave）。

机织面料一般可按原料、加工方法或面料组织分类。按原料成分可以分为棉织物、毛织物、丝织物、麻织物、化纤织物以及它们的混纺和交织织物等品种。棉织物或棉型化纤织物根据其印染后加工方法分，可分为本色坯布（Gray Fabric）、漂白布（Blanc Fabric）、色织布（Dyed Fabric）、印花布（Printed Fabric）。凡未经漂染印整加工的机织面料，称为本色坯布。本色坯布经过漂白、染色和印花加工后，分别称为漂布、色布和印花布。如果将纱线先经漂白、丝光或染色后再织成布,称为色织布。生产色织布的工厂一般称为染织厂,牛仔布及大部分的衬衫面料都是色织布(Coloured Woven Fabric)。

毛织物根据加工方法分为精梳毛织物和粗梳毛织物两大类。

2. 针织面料

利用织针把纱线弯曲成线圈,并将线圈相互串套而成的面料称为针织面料。

针织面料可按原料、加工方法或面料组织分类。按原料成分来分,可分为棉针织物、毛针织物、丝针织物、化纤针织物以及混纺针织物等。按加工方法来分,可分为针织坯布和针织成形产品。针织坯布与机织坯布一样,主要用于缝制服装,如内衣(Underwear);针织成形产品,是指不需要缝制而直接成形的产品,如袜子(Stocking)、手套(Glove)及羊绒衫(Sweater)。

针织物还可以按生产类型分为经编针织物(Warp Knitting)和纬编针织物(Weft Knitting)两大类。经编针织物是用经编针织机编织成的,在经编生产中,需要将一组或几组平行排列的纱线沿经向各自垫入针织机的编织机构中,形成经编针织物;纬编针织物是用纬编针织机编织成的,在纬编生产中,只需将筒装纱线直接放在纱架上,并且每根纱线沿纬向垫入针织机的编织机构中,形成纬编针织物。

二、面料的基本结构

1. 机织面料

机织面料的基本结构主要包括织物组织、密度等参数。另外,用于描述面料规格的术语,如幅宽等参数也受面料基本结构的影响。

(1)机织面料的组织:常用的机织面料组织有平纹(Plain)、斜纹(Twill)和缎纹(Satin)三类,如图 1-2 所示。这三类组织又称为三原组织,由这三类组织可以变化出很多复杂组织,如在平纹组织的基础上,可变化出方平组织和重平组织。

① 平纹组织:此组织是机织面料中最简单的织物组织。在这种组织中,经纱和纬纱每隔一根纱线交错一次,是所有织物组织中交错次数最多的组织,如图 1-2(a)所示。因此,这种组织经纱和纬纱的抱合最紧密,织物的断裂强度较大,织物比较结实。另外,平纹织物的正反面特征基本一样。

② 斜纹组织:此组织是指经纱或纬纱浮点(交错点处浮在上面的纱线部分)在织物表面形成斜向纹路的组织结构,如图 1-2(b)所示。根据斜向纹路的方向可以分为左向斜纹和右向斜纹。当斜向纹路由较长的经纱浮点组成时,称为经面斜纹;斜向纹路由较长的纬纱浮点组成时,称为纬面斜纹。在斜纹组织中,经纬纱的交错次数比平纹组织少,织物单位宽度内的纱线根数增多,故织物更加紧密、厚实,并具有较好的光泽。

③ 缎纹组织:此组织是三种原组织中最复杂的一种,其经纱或纬纱在织物中形成单独而互不连续的组织点,如图 1-2(c)所示。这种织物组织的特点是经浮线或纬浮线比平纹和斜纹更长、更多,组织点间距较长,交织点较少。织物表面平滑,富有光泽,手感润滑,质地柔软。由于织物交织点较少,故耐磨性较差。

④ 其他组织:除了以上介绍的三种基本织物组织以及其变化组织外,常见的还有起毛组织和提花组织等。起毛组织是指在一组基本经纬纱线的基础上,还有一种供起毛用的经纱或纬纱

(a)

(b)

(c)

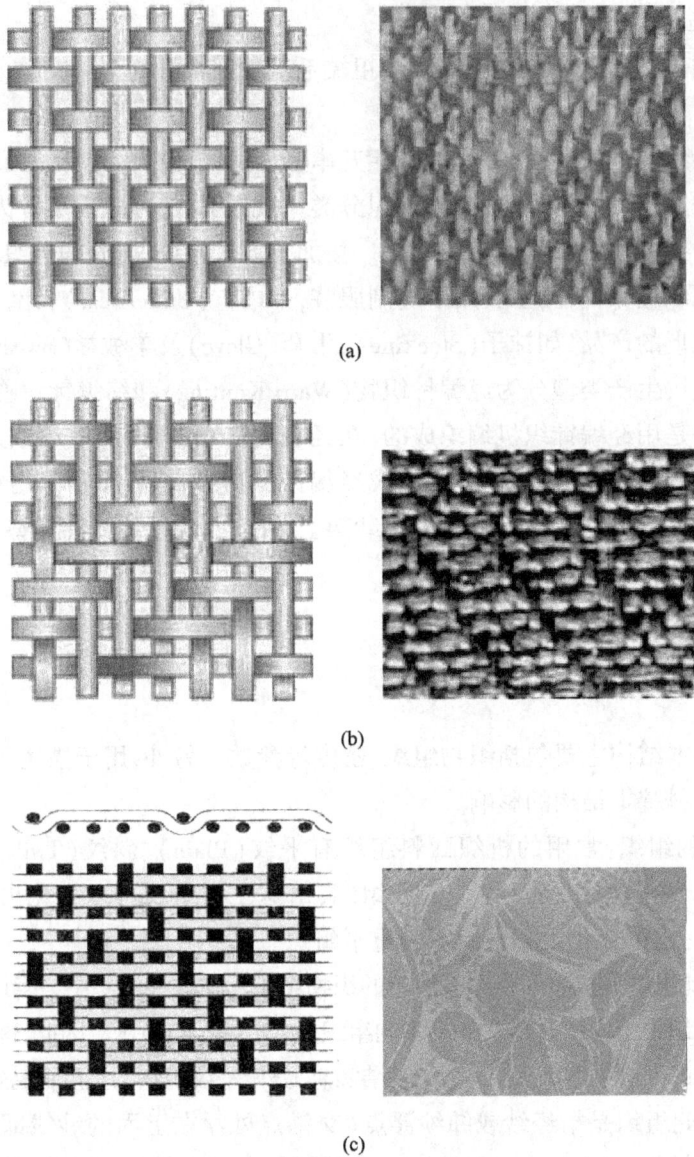

图1-2　常用机织面料的组织

的织物组织。织物中最复杂的是大提花组织,这种组织的一个基础循环可以用到几百根,甚至几千根纱线,能够织出丰富的图案。

(2)机织面料的规格术语。

① 密度:密度分为经密(Ends Per Inch)和纬密(Picks Per Inch)。织物纬向单位长度内的经纱根数称为经密,织物经向单位长度内的纬纱根数称纬密。公制以织物10cm内的纱线根数表示;英制以织物1英寸内的纱线根数表示。

② 幅宽(Breadth):指机织面料的布幅宽度,即面料纬纱方向的宽度(包括布边),幅宽有时简称门幅,单位为厘米(cm)。坯布幅宽和成品幅宽是不相同的。坯布经过后加工,幅宽会收

缩,成品幅宽对坯布幅宽的收缩率称为幅缩率。

影响面料幅缩率的因素很多,如后加工、纤维类型、织物组织及密度等。棉织物的后加工有漂白、染色、丝光、印花和树脂整理等内容,后加工工序的不同会使幅缩率有所不同,如一般印花和漂白布的幅缩率为3%~6%,高经密织物或深色布的幅缩率为2%。经过同样工序的不同类型纤维的织物幅缩率一般为3%~8%,全涤织物的幅缩率一般为2%~6%。不同织物组织的面料在其他条件相同情况下的幅缩率也不相同,如斜纹组织的幅缩率一般小于平纹组织。经密过大、纬线不加捻的织物的幅缩率会小一些,相反经密中等、纬线加捻的织物的幅缩率会大一些。成品幅宽与坯布幅宽的关系如下。

$$成品幅宽=坯布幅宽×(1-幅缩率)$$

③ 匹长(Piece Length):指一匹布的长度,以米(m)为单位,织造时设定的每匹布的标准长度称为公称长度。通常每匹布的公称长度在27~40m。当然,匹长在坯布经过后加工后,也会出现一定的缩率,除了缩绒类的毛织物缩率比较大外,其他类型织物的缩率一般在2%~5%。

④ 总经根数(Ends in Warp):指整幅织物内经纱的总根数。在采购纱线和进行织物设计时,都需要确定织物的总经根数。总经根数可以根据织物的经向密度及织物的幅宽计算出来。

$$总经根数=(经向密度/10)×幅宽+2×单边边纱的根数$$

⑤ 机织面料的表示方法:通常按经纱和纬纱线密度、经向和纬向密度、幅宽、名称的顺序表示。具体格式如下:

$$经纱线密度×纬纱线密度×经向密度×纬向密度×幅宽　名称$$

如8tex×2×10tex×470根/10cm×390根/10cm×140cm细平布,表示经纱为8tex的双股线,纬纱为10tex的单纱,经密为470根/10cm,纬密为390根/10cm,幅宽为140cm的细平布。英制单位与公制单位的表示方法一样,只是单位不同而已。

(3)常见织物:国内外比较流行的面料种类很多,不同的原料、不同的织物组织都会形成不同的织物类别,一些常规组织的织物经过特殊后整理后,会成为另一类织物。同时,随着科技的发展,不断出现新型纤维和加工工艺,所以新型面料也不断出现。部分常见织物的规格见表1-9。

表1-9　部分常见织物的规格

织物品种		织物组织	织物成分	所用纱线线密度
卡其(Khaki Drill)		斜纹组织	棉或涤/棉	13.88tex×2×27.76tex
华达呢(Gabardine)		斜纹组织	棉	13.88tex×2×27.76tex
			精纺毛	11.21tex×2×11.21tex×2
麻纱(Hair Cords)	普通麻纱	平纹变化组织(纬重平)	棉	12.96~18.22tex
	花式麻纱	变化组织	棉或涤/棉等	线密度不定
灯芯绒(Corduroy)		起毛组织	棉或化纤	13.88tex×2×27.76tex、36.44tex×29.15tex、27.76tex×2×27.76tex等
哔叽(Serge)		斜纹组织	棉或棉混纺	27.76tex×27.76tex
			精纺毛	双股,9.72~19.43tex

织物品种		织物组织	织物成分	所用纱线线密度
府绸(Poplin)	种类很多,有普通府绸、全精梳府绸、半线府绸等	平纹组织	棉或涤/棉	5.83tex×2×5.83tex×2、13.88tex×2×17.15tex、14.58tex×14.58tex 和 19.43tex×19.43tex
横贡缎(Sateen Satin)		缎纹组织	棉	14.58tex×14.58tex
直贡缎(Twilled Satin)		缎纹组织	丝	—
织锦缎(Brocade Satin)		缎纹组织	丝	—
平布(Plain Cloth)	粗平布	平纹组织	棉	粗特纱
	中平布		棉、涤纶等	中特纱
	细平布		棉、涤纶等	细特纱
平绒(Velveteen)	割经平绒	起毛组织	棉	13.88tex×(13.88tex×2+13.88tex×2)
	割纬平绒	起毛组织	棉	(13.88tex×2+13.88tex×2)×13.88tex
条格布(Plaid)		平纹组织为主,也有斜纹、小提花和纱罗组织	棉或涤/棉	27.76tex×27.76tex 等
花呢(Fancy Suiting)	种类很多,有单面花呢、海力蒙、板司呢、火姆司本等	平纹、斜纹或变化组织等	精纺毛或粗纺毛	11.21tex×2×11.21tex×2、15.34tex×2×15.34tex×2、58.3tex×58.3tex 等
凡立丁(Tropical Suitings)		平纹组织	精纺毛、麻或毛混纺	11.21tex×2×11.21tex×2 等
派力司(Palace)		平纹组织	精纺毛或毛混纺	10.05tex×2×14.58tex
直贡呢(Twilled Satin)		缎纹组织	精纺毛或棉	9.71tex×2×9.71tex×2
麦尔登(Melton)		平纹或斜纹组织	粗纺毛或毛混纺	48.58tex×48×58tex 等
法兰绒(Flannel)		平纹或斜纹组织	粗纺毛	58.3tex×58.3tex 等
乔其纱(Gorgette)		平纹组织	丝、人造丝、涤纶长丝等	—
双绉(Crepe de Chine)		平纹组织	丝、人造丝、涤纶长丝等	—
仿麂皮(Suede)		缎纹组织等	化纤超细纤维	线密度不定
桃皮绒(Peachskin)		—	化纤超细纤维	线密度不定
青年布(Chambray)		平纹组织	棉或涤/棉	中粗特纱
牛津布(Oxford)		平稳变化组织(纬重平)	棉或涤/棉	细特纱

2. 针织面料

根据线圈结构的特征,针织面料可分为纬编针织物和经编针织物,如图1-3所示。常用的服装类针织面料为纬编针织物,常用的组织结构有纬平针组织(Jersey Stitch)、罗纹组织(Rib

Stitch)、双罗纹组织(Interlock)、毛圈组织(Terry Weave)以及派生出来的很多小花型织物组织。经编针织物常用的基本组织[图1-3(c)]有编链组织、经平组织、经锻组织、重经组织及双面经编组织等。由于经编针织物在服装面料中使用较少,因此本书不再讨论经编针织物的组织。

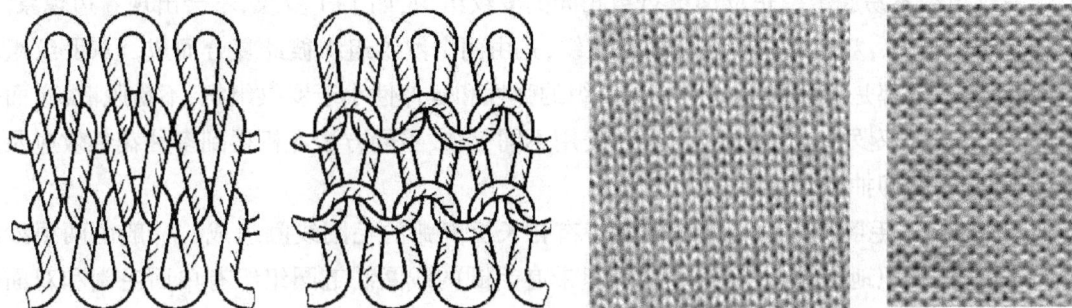

(a) 纬平针组织

(b) 罗纹组织

(c) 经编的经平组织

图 1-3　针织面料的组织

(1)针织面料的组织。

① 纬平针组织:纬平针组织,简称平针组织,是由连续的同一种单元线圈向同一方向依次串套而成,是单面针织物中最基本的组织,也可称为"汗布"组织,如图1-3(a)所示。纬平针组织两面具有不同的形态,正面由线圈的纵行组成,一般比较光滑平整,反面较为阴暗。纬平针组织在横向和纵向拉伸时,有较好的延伸性,横向的延伸性比纵向大。吸湿性和透气性很好。纬平针组织的缺点是容易脱散和卷边。

②罗纹组织:罗纹组织由正面线圈纵行和反面线圈纵行以一定的规律相间配合而成,如图 1-3(b)所示。罗纹组织的种类很多,根据正反面线圈配合规律,可分为 1+1 罗纹、2+2 罗纹等,其中数字代表线圈的纵行数。罗纹组织在横向和纵向拉伸时,都有较好的延伸性,且横向比纵向大。罗纹组织不易脱散。正反面纵行数相同的罗纹组织,如 1+1 罗纹,不会出现卷边现象。

③双罗纹组织:双罗纹组织俗称棉毛组织,是由两个罗纹组织彼此复合而成。双罗纹组织的两面特征一致,都是正面线圈。双罗纹组织的弹性和延伸性小于罗纹组织,不易脱散,布面平整,不卷边。根据双罗纹形成的特点,可以使用不同色纱、不同方法上机得到多种花色效应及多种纵向凹凸条纹,即抽条双面布。

④毛圈组织:毛圈组织由平针线圈和带有拉长沉降弧的毛圈线圈组成。一般由两根纱线组成,一根纱线编织地组织,另一根纱线编织带有毛圈的线圈。毛圈组织有单面毛圈和双面毛圈之分,还可以分为普通毛圈和花色毛圈两类。毛圈组织具有良好的吸湿性和保暖性,织物柔软、厚实。

(2)针织面料的规格术语。

①密度:针织面料的密度以织物单位长度内的线圈数量来表示,分为横向密度和纵向密度两个指标。横向密度简称"横密",是指沿着线圈横列方向上 50mm 内线圈的纵行数;纵向密度简称"纵密",是指沿着线圈纵行方向上 50mm 内线圈的横列数。英制的横密和纵密分别是指 1 英寸内的纵行数或横列数。

针织面料的密度与线圈长度有关,通常线圈长度越长,针织物密度就越小。针织面料的横密与针织机的机号有关,所以,很多时候,给出机号后,就不需要再说明横密了。

②机号:机号和后面所讲的总针数实际上是针织机术语,但它们与纱的线密度有很大关系,而且常用于针织面料的表示中。机号是织针在针床或针筒上排列的疏密程度,以单位长度(1 英寸)内的织针数量表示,用 G 表示。如 18G 表示 1 英寸内有 18 枚织针,即通常所说的 18 针。机号越高,针数越多,编织出的织物越细密。一般来说,不同的机号适用于不同线密度的纱线。

③总针数:是针床或针筒能够插装织针的总数量,它决定了可编织织物的最大幅度。

④克重:是指针织面料单位面积的重量,通常用平方米克重表示。克重用于表示织物的厚薄。克重有干燥克重和自然克重之分,国际上要求使用干燥克重,但企业里基本都采用自然克重。干燥克重是将面料放在 105~110℃ 烘箱中烘至恒重后再称其重量,自然克重则是直接剪取面料称其重量。平方米克重一般实际测量得到,如需要理论计算,则可以按下式进行。

平方米克重=0.0004×横密×纵密×线圈长度(mm)×纱线线密度

线圈长度表示一个完整线圈的长度。在工厂生产实践中,针织面料用途不同,克重也不相同。如通常女士西装要求的克重为 180~230g/m²,男士上装要求为 235~240g/m²,运动服则为 200~260g/m²。

对于丝织产品来说,贸易上有时也采用姆米(m/m)表示织物的厚薄,1m/m = 4.3056g/m²。牛仔面料的克重一般用"盎司"(OZ)来表示,即每平方码面料重量的盎司数,1 盎司 = 28.375g,如 7 盎司、12 盎司牛仔布等。

⑤ 幅度：也称门幅、布封、封度，是指针织物面料的宽度，分为开幅幅宽与圆筒幅宽两种，通常用厘米（cm）或英寸来表示。针织面料的开幅是指单层织物布面横向宽度，有毛幅宽和净幅宽之分。毛幅宽为面料所有的宽度，净幅宽为面料可以使用的有效宽度。圆筒幅宽指筒状针织面料平摊后双层织物横向的宽度。

⑥ 针织面料的表示方法：针织面料的规格一般用如下方法表示。

平方米干燥重量×幅宽

其中，平方米干燥克重用 g/m^2 表示，幅宽指单层幅宽，用厘米（cm）表示。针织面料的表示方法中，除了面料规格外，一般还要包括机号、总针数、纱线规格成分、成品规格等。如 15g×34 英寸（86.36cm）×1860T 20 英支（29.15tex）棉×240g/m²×65 英寸（165.1cm）表示机号为 15g、总针数为 1860T、原料为 20 英支（29.15tex）纯棉纱，克重为 240g/m²、幅宽为 65 英寸（165.1cm）的针织面料。

任务三　样品开发

【任务导入】

样品（SAMPLE）是订单生成期不可或缺的组成部分。首先，它是客户和供应商签订合同的实物依据，只有供应商的样品得到客户的确认，才有可能得到订单。其次，它是大货生产的参照，订单的执行是根据确认的样品来生产的，确认样品的难度、工艺要求直接到大货生产的难度和进度。另外，样品也是订单完成后产品检验和索赔的标尺。

【知识要点】

一、样品开发

规模较大的面料生产商都会捕捉每一季的面料流行趋势，然后进行设计和开发。样品开发是面料生产企业进行新产品开发工作的一部分。样品开发完毕后，一般会由跟单员主动提供给客户，以争取到订单。此类型的产品开发可以称为主动开发，而跟单员则扮演了推销新产品的角色。

另外一种样品开发，可称为被动开发，即生产商根据客户提供的开发资料进行开发，也即通常所说的打样。客供开发资料可以有语言描述和客供样品两种方式。语言描述即客户对他所需面料的描述，比如春夏衬衣的面料，要求面料柔软，悬垂性好等，客供样品则是指客户提供的面料样品。

不同方式的样品开发，其流程及跟单员需要做的工作也不一样。本书在任务二中阐述的主要是第二种方式的样品开发，即根据客户的客供开发资料进行样品开发。

二、样品的种类

样品开发是一项系统复杂的工作，从开始样品开发到样品最终被客户确认，甚至在大货生产的开始阶段,都会产生某一阶段的样品。这些样品都有专门的名称,是否需要制作某一阶段的样品应根据面料种类和客户要求而定。样品开发过程中的样品种类主要有坯布样、品质样、颜色样、印花或绣花样、纱样、头缸样、缸差样、机船样等。

头缸样、缸差样要等大货正式生产后才能进行安排。颜色样、纱样、坯布样、品质样、印花或绣花样需要双方确认后才能签订合同,以确保面料规格、颜色、质量等要求与客户订单要求相一致,避免以后因颜色、纱线、花型等问题而产生争议。

1. 坯布样(Grey Fabric)

坯布样是织造厂按照客户来样或者客户要求而织造出来的坯布样品。坯布样一般存在于国内贸易中,国外客户和贸易公司一般不需要坯布样,而直接需要成品染色样。

2. 品质样(Quality Sample)

品质样是用客户要求的坯布,经过前处理后染成客户要求或相近的颜色,再经后整理,能够代表大货品质的样品。客户需要的品质样,一般面积较大,有些企业又称为匹样。

得到客户确认的品质样是大货生产和最终产品确认的依据,因此非常重要。品质样的确认一般包括手感、风格、门幅、厚度、弹性和强度等方面,颜色的确认需要另外打颜色样,所以并不重要。另外,有些客户会专门提供手感样。

3. 颜色样(Lab Dip)

颜色样俗称"色样"或"手掌样"(香港和广东的一些企业也称为"色办","办"即样品),是面料生产企业按照客户提供的色样标准(织片或 PANTONE 色号)和纱线要求织造并染色出来的,用于确定面料颜色的样板,简称色板。一般每个颜色有 3~5 个色阶。

4. 印花或绣花样(Printed or Embroidery Sample)

印花或绣花样是指在色样面料上印制或绣出图案的样品。印花或绣花样一般包括图纸和实物,图纸上会绘制出彩色的印花或绣花图案,实物则是成品面料样品。在制作印花或绣花样的过程中,应严格按照客户要求,正确使用准确的底料颜色、印花料或绣花料或绣花线、颜色的搭配、花型、质地等,特别是要用对绣花色线。

5. 纱样(Yarn Sample)

纱样是为了确定面料的组成成分、手感和特性等而制作的纱线样板。通常在面料报价时,就将纱样寄给客户挑选和确认,尤其是针织制衣企业,必须向毛纱供应商索取纱线样板,并仔细审查纱线的手感、色牢度、染色均匀度、缸差等方面的情况,以确保针织成衣的质量。

6. 头缸样(First Bath Sample/First Pilot Sample)

第一次染色出缸的面料俗称头缸样,以后染出的面料称为续缸样。头缸样是将大货生产中的第一件成品作为生产前样板提交给客户批复确认的样品。

7. 缸差样(Lot Sample/Batch Sample)

缸差是批次不同的面料因不同的染色缸次所引起的面料颜色差异,即使是同一缸次的面料印染时,染出来的面料也可能会有缸差(缸头、缸尾的色差)。缸差会严重影响面料的品质,所以必须有严格的缸差样板。缸差样就是用于判断面料色差是否在可以接受范围内的样板,是控制大货面料的颜色标准。

有的面料不是缸染的,如连续染色或长车染色。大货面料基本上一次生产完,所以不存在头缸和续缸,其生产出来的面料颜色前后也会存在差异,生产企业也要分出批差和缸差(如 LOT A、LOT B)。取 LOT 色比较多的面料作为船样和批差样同时给客户确认。

8. 船样(Production Sample/Shipping Sample)

船样是代表出口货物品质水平的样品,也称"船头板"或"大货板"。船样也可以是头缸样、缸差样或批差样。船样需要在大货面料出货前让客户确认,客户确认后即可安排出货,如果客户对颜色或手感不认可,可以根据客户的确认意见作出调整后再给客户确认。计算出口数量时,一般要将船样数量一并计算在内。

三、样品管理

几乎每家面料生产企业都设立专门的样品展示室,而很多面料贸易商也准备了样品展示室。样品展示室主要展示企业已经开发过的产品的留样,如果客户需要某种面料,可以直接到样品室查询,如果查到,则可以直接裁剪,并寄给客户,这样可以免去打样的时间和成本。

任务四 报价

【任务导入】

某外贸公司跟单员接到一位客户的手感样询价,作为跟单员就应了解该面料应该如何报价?

【知识要点】

跟单员在客户确认样品后,就应该考虑报价了。报价又称报盘,跟单员报价时要认真细致,因为报价的高低直接关系到订单的利润,或者说企业的利润。如果报价低了,会使企业拿不到足够的利润,甚至做了亏本的生意。如果报价高了,客户是不会接受的。

一般报盘和还盘工作由跟单部经理审核,当然有时会由老板直接审核。一般企业都有自己的报价公式。国内贸易报价时,一般会考虑面料成本(包括利润)、运费、测试费用等内容。国际贸易往往比较复杂,除了应考虑面料成本(包含利润)、运费、测试费外,还应考虑保险费、汇率、退税率等内容。另外,国际贸易的报价存在几种方式,不同的报价方式之间有一定的换算关系。

一、CIF

CIF(Cost、Insurance and Freight)即成本、保险费加运费。卖方必须支付将货物运至指定目的港所需的运输费用,卖方还必须办理买方货物在运输途中丢失或损坏风险的海运保险。CIF价格换算成其他价格的公式如下:

FOB 价 = CIF 价 - 保险费 - 运费

$$\text{CFR 价} = \text{CIF 价} - \text{保险费}$$

二、CFR

CFR(Cost and Freight)即成本加到指定目的港运费。卖方必须支付将货物运至指定目的港所需的运输费用,但交货后货物丢失或损坏的风险以及由于各种事件造成的任何额外费用,即由卖方转移到买方。CFR 价格换算成其他价格的公式如下:

$$\text{FOB 价} = \text{CFR 价} - \text{运费}$$

$$\text{CIF 价} = \frac{\text{CFR 价}}{1 - \text{投保加成} \times \text{保险费率}}$$

三、FOB

FOB(Free on Board)即指定装运港船上交货。当货物在指定的装运港越过船舷,卖方即完成交货。这意味着买方必须从该点起承担货物丢失或损坏的一切风险。FOB 价格换算成其他价格的公式如下:

$$\text{CFR 价} = \text{FOB 价} + \text{运费}$$

$$\text{CIF 价} = \frac{\text{FOB 价} + \text{运费}}{1 - \text{投保加成} \times \text{保险费率}}$$

四、EXW

EXW(Exchang at Workplace)即工厂交货。当买方在所在地或其他指定地点将货物交给买方处置时,即完成交货,卖方不办理出口清关手续或将货物装上任何交通工具。EXW 是卖方承担责任最小的术语。买方必须承担在卖方所在地收领货物的全部费用和风险。

项目二　跟单工作

【项目导入】

订单生成期主要包括样品开发、咨询报价、订单评审及签订合同等工作。其中,样品开发工作比较繁杂,样品的种类也比较多,但其基本流程都是一样的。由于客户订单一般要求成品面料,所以打色样作为样品开发工作的一环,显得非常重要。

任务一　样品开发跟单的一般流程

【任务导入】

某公司跟单员接到客户来样后,要寻找相应的样品,因此样品开发是一项重要工作,样品是否符合客户的要求直接反映了本企业的技术水平,样品开发得好,会增加客户对企业开发技术的信任,增加订单签订的可能性。样品开发的顺利与否在很大程度上能够体现跟单员的沟通能力和服务水平。客户希望与之合作的跟单员能够积极主动地解决问题,同时又有良好的理解能力和沟通能力,只有这样,才会放心地把订单交给跟单员去做。另一方面,企业通过样品开发,可以更加准确地为客户报价,以保证企业的合理利润。

【知识要点】

本节主要介绍根据客供资料进行开发,这是跟单员经常遇到的样品开发方式。实际样品不同,开发过程会有所不同,直接体现在样品开发过程中,跟单员向客户提供的样板的多少。如对印花面料,跟单员需要提供印花样板;对一些需要水洗的面料,跟单员需要提供水洗测试样板。下面以坯布为例介绍样品开发的一般过程。

一、客户开发资料的分析

可供开发资料主要包括客户提供的面料原料或者对所需面料的描述。在很多情况下,客户对自己需要的面料无法提供原样,只是提供一些面料的描述,如手感柔软,所用纱线线密度大约多少,面料克重大约多少,面料为何种组织等。这些面料的描述可能是客户结合服装的要求及流行面料的特点得到的。

1. 提取样品信息

如果客户提供了面料原样,并附带了面料的具体参数,如织物组织、面料克重、纱线线密度等,跟单员就可以直接去查找面料或者定做样品了。但如果客户只提供了对面料的描述,或者只提供了面料样品而没有相关参数,就需要跟单员尽可能提取样品的信息,避免大量的打样工作。跟单员提取面料信息时,需要与客户多次沟通,详细了解他们对面料的要求。对于技术要求很高的面料,跟单员要根据自己掌握的信息与客户沟通,如降低技术难度或提出一种代替面料。

如果客户资料中只有样品,没有具体的参数,跟单员则需要将样品交给样品间的技术人员,由他们进行样品分析。通常对样品进行以下四方面的分析。

(1)样品的原料及混纺比:分析样品原料的成分首先要将纱线从样品织物的边缘小心拆解出来,然后进行具体分析。分析方法有手感目测法、燃烧法、显微镜鉴别法、药物着色法、化学溶剂法等。对于本公司难以鉴别的复杂纱线可以求助于专门的检验机构做进一步分析。

(2)样品的原料规格:这里的原料规格,主要是指纱线的粗细和捻向(Direction of Twist)。确定纱线粗细一般用对比法,取出原样的纱后,拉直和相近的已知粗细的纱比较,大部分纱线都是常用的规格,如纯棉纺的常用规格有 7.3tex(80 英支)、9.7tex(60 英支)、11.7tex(50 英支)、14.6tex(40 英支)、18.2tex(32 英支)、19.4tex(30 英支)、27.8tex(21 英支)、29.1tex(20 英支)、36.4tex(16 英支)、48.6tex(12 英支)、58.3tex(10 英支)等;麻纱的常用规格有 19.4tex(30 英支)、24.3tex(24 英支)、29.1tex(20 英支)、38.9tex(15 英支)、53tex(11 英支)、64.8tex(9 英支)、72.9tex(8 英支)、129.6tex(4.5 英支)等。有经验的跟单员比较容易确定原纱的粗细,新入行的跟单员则可以将常用规格的纱线贴在纸上,标出对应的粗细规格,做成纱线表,以方便对比。当然,也可以采用称重法,即拆解出纱线后,截取一定长度后进行称重,然后计算出纱线的线密度。

纱线的捻向可以通过解捻法确定,即将拆解出的纱线用两手的拇指和食指捏住两端,右手的拇指向里捻动纱线,观察纱线的解捻情况。当纱线解捻,则表示为 S 捻纱;若纱线加捻,则表示为 Z 捻纱。如果拆解出的纱线在极短的时间内有退捻现象,则是高捻度的纱线。

(3)织物的规格:机织物的规格主要包括经向和纬向密度、经纱和纬纱捻度、经纱和纬纱的织缩率、平方米克重、每米的克重;针织物的规格主要包括平方米克重、线圈密度、线圈长度(纱长)等参数。这些织物规格可以通过一些常用的测量方法获得。

(4)织物的组织:通过拆解或织物镜观察等方法,分析出织物的组织结构,以确定织造工艺和织机类型。织物组织分析也可以借助计算机辅助进行。

2. 查找面料

跟单员根据提取到的面料信息,查找符合客户要求或与之相近的面料样品,并提供给客户。跟单员查找面料时,一般首先询问长期合作的面料加工厂,看他们是否有类似面料。如果没有,跟单员就要搜索能够提供类似面料的其他加工厂。这些加工厂或面料的搜索一般可以通过网络查询(如一些面料贸易网站或者论坛)、参加面料展(如北京和上海的面料展)等方式。当然还有一种比较新的方式,就是很多机构或院校都设有面料中心,他们可以提供此类服务,跟单员可以直接到这些单位查询。

有经验的跟单员拿到样品后能够快速区分订单中的面料是否为常规品种(Staple)。常规品种是那些织造企业经常生产的、在市场上容易买到的面料,这类面料只需要印染加工就可以了,不需要定织,可以节约大量的生产时间。刚入行的跟单员应尽快熟悉面料的常规品种,拿到客户样品后,对是否需要定织快速作出正确判断,减少不必要的工作。

3. 安排打样

如果找不到符合要求的样品,跟单员就要联系有一定开发能力的面料加工企业定做样品。跟单员将提取到的面料样品的具体要求以书面的形式通知加工企业的生产技术部门或生产跟单员。外贸跟单员在将样品资料交给生产技术部门前,要确保资料的完整。样品资料一般包括织物实样、花型图和文字描述等内容,织物实样一般要求足够大,特别是有图案的织物,至少应该有一个完整的花型图案循环。

作为供应商,也要主动提供一些适合客户风格(Style)的新样品,让客户挑选、确认。对于长期合作的客户,跟单员应该充分把握客户产品的设计风格及产品定位,甚至主要的消费群体及消费区域。只有把握了以上信息,跟单员在参加各种专业面料展览会时,才能有目的地收集一些与客户风格相近的面料信息。优秀的跟单员还应了解每一季的面料流行趋势、最近的新型面料及新技术(这些信息可以通过一些专业的期刊获得),并结合顾客产品的风格,将有用信息提供给客户。在公司产品不具备明显价格优势的情况下,这方面的工作显得尤其重要。

二、打样

跟单员将样品资料交给生产技术部门后,技术部门会根据资料确定样品所需原料的品种和数量以及合适的染料,然后由跟单员实施原料的采购工作。原料采购完成后,打样人员会按照已经设计好的工艺上机织造。样品织造完成后,需要对样品进行检查。在此过程中,跟单员需要做好原料采购、工艺确认、打样跟踪及样品检查四项工作。前两项工作需要在打样前进行,打样跟踪则要贯穿于整个打样过程中。

1. 原料采购(Sourcing)

跟单员根据技术部门确定的纱线数量进行原料准备。对于常见的纱线或客户先前已经使用的纱线,跟单员可以直接查库存;对于库存中没有的纱线,跟单员就需要到市场上购买,购买时应注意纱线的规格和质量要符合客户的要求,跟单员可以就此与客户确认;对于市场上难以买到的纱线,跟单员要及时联系厂家定制。通常专纺纱线是需要一定时间的,小批量专纺纱线所需要的时间可能会更长。因此,应及时与客户沟通,以书面报告的形式通知客户,争取延长交货时间,求得客户的谅解。

2. 工艺确认(Process Confirming)

打样的过程也是对大货生产工艺进行确认的过程。很多时候,客户需要的面料效果要经过复杂的工艺才能实现,这样就需要更长的工时,成本也会相应增加,而且大货的交期也会晚些。所有这些影响都需要跟单员与客户及时沟通,征求客户的意见,以便修改工艺。而且有些工艺是不适合大货生产的,要么损耗过大,要么时间过长。若客户一定要求采用这种工艺,就需要提前把存在的这些风险告诉给他们。

3. 打样跟踪(Sample Tracking)

打样跟踪是跟单员日常工作中非常重要的一项,此项工作具有以下两个目的。

（1）监督样品织造的进度，以确保在客户要求的时间内交付样品：样品对客户非常重要，大客户一般每年都有自己的订货会，他们需要将样品在订货会上展示，小客户每年也会经常参加一些面料展览会，他们同样也需要展示样品。

（2）确保打样的正确性：跟单员应与打样工、质检员沟通，有时会出现理解上的差异，特别是对一些模糊性语言，所以跟单员需要跟踪打样过程，以便及时发现问题，解决问题。

（3）样品检查（Sample Checking）：工厂打好样品之后，跟单员需要进行样品检查。检查时，跟单员需要对照客供原样，检查的项目主要有外观风格、手感、克重等内容，尽量保证样品能够达到客户的要求，如果由于难以克服的技术原因而达不到客户的要求，就要和客户沟通，看其是否能接受。

三、递送样品

样品经过检查没有问题后，应将样品以最快的速度报送客户，由客户作出确认或给出反馈意见。

1. 样品的剪取

样品剪取尺寸一般按照客户的要求去做，如果客户没有明确要求，则可以按照下面的一般要求剪取。

（1）按坯布纵向至少1cm长度，整幅剪取。如果需进行染色实验，通常机织物需要5~15cm的样品，针织物则需要3~5kg的样品。

（2）剪取坯布样品时，剪口要平直、整齐，布面干净、平整，不允许出现剪口歪斜不齐，布面有疵点、污渍等现象。

2. 样品的包装

将剪好的样布，整齐折叠成适当的大小，包装要整齐、牢固、防水、防污。

3. 样品的标识

样品的标识很重要，如果同时送多个样品，标识一定要清楚、准确、容易区分。标识内容应包括订单号、品名、客户名称、线密度、数量、颜色、规格、尺寸、克重等内容。可以用记号笔直接标注在样品的边角处，字迹要清楚、工整，易于辨认。通常情况下，应使用样品卡，将需要标识的内容填在样品卡内，并贴于样品的边角处。样品卡通常用不干胶印刷贴纸，方便填写，并粘贴牢固，样品卡不宜过大，一般为12cm×10cm。

4. 样品的提交

样品准备好以后，就可以提交给客户，需要填制《样品递送单》并与样品附在一起递送。《样品递送单》应一式两份，跟单员应保留一份作为送样记录。填制好的《样品递送单》应在第一时间用传真或E-mail的形式发给客户，以使客户留意查收。

（1）递送方式：样品递送一般采用快递、邮寄、空运、直接送样等方式送交给客户。外贸跟单员将样品递送给国外客户一般采用快递方式。目前从事国际快递业务的公司主要有EMS、DHL、FEDEX、UPS、TNT等。快递费用一般采用寄件方预付、收货方支付（到付）和第三方支付三种方式。预付（Freight Prepaid）方式一般用于寄送费用低、客户信誉好的情况下，到付

（Freight Collect）方式则用于寄送费用较高、新开发客户的情况下。采用到付的方式,需要收货方提供某快递公司的到付账号,以避免发生拒付的情况。

（2）形式发票:根据国家有关规定,在快递物品的同时需要提供相应的形式发票。形式发票除了是客户清关的必需单据外,也是出口商样品管理的重要记录。形式发票的内容主要包括收件人姓名、地址以及具体物品的信息(如纱线线密度、成分等)。DHL公司的形式发票见表2-1。

表2-1 DHL公司的形式发票

INVOICE STATEMENT(形式发票)

Consignee(接收人)：_____   Airbil No.(运单号)：_____

Company Name(公司名)：_____   Carrier(乘运公司)：_____

Address(地址)：_____   Weight(重量)：_____

_____

Town/Area Code(区号)：_____   Dimensions(尺寸)：_____

Sate/Country(国家)：_____   Phone/Fax No(电话)：_____

Full Description of Goods(货物描述)	Manufacturer (生产商)	Quantity (数量)	Unit (单位)	Item Value (单价)	Total Value for Customs (总价)
TOTAL(总价)					

I declare that the above information is true and correct to the best of(货品原产地:中国)

Reason for Export:Sampling(出口原因:样品)

Signature(签名)：_____

Date(日期)：_____

四、样品意见跟进

样品提供给客户后,跟单员应积极与客户沟通,尽量让客户提出反馈意见,最好让客户提出对样品的具体意见。一般客户收到样品后会在一周内给出意见,其中包括对织物外观风格、织物规格及花型等方面的意见。

如果客户对样品不满意,会将具体意见反馈给跟单员,跟单员再根据客户的意见安排二次打样,直到客户满意。客户满意的样品称为确认样,确认样是大货生产的依据。

任务二 面料颜色样

【任务导入】

大多数客户的订单产品是成品面料(经过印染加工的面料),所以跟单员在订单生成阶段的另一项主要任务就是打色样。

【知识要点】

一般情况下,面料提供商应提供面料色卡(Color Chip),跟单员应促使客户在供应商所提供的色卡或纱卡中选定其订单所需的色号。这样可以简化面料样板批复、修改等工作。如果客户对提供的颜色不满意,可以根据客户的要求打色样。跟单员也可以通过面料供应商寻找一些颜色相近的布样,供客户选择,以节省打样和批复的时间。颜色样打好后,跟单员要进行审核并递交给客户,再跟踪客户的批复或修改意见,有必要的话还要二次打色样。

打色样通常在客户确认面料品质样之后进行。打色样的过程实际上也是生产企业确定染色配方和染料工艺的过程,它是后续大货染色生产的基础。颜色样的技术确认是保证大货面料顺利染色的关键。在允许的情况下,越早确认颜色,对大货生产越有利。因此,跟单员在打色样和客户批复的过程中,必须与客户和生产企业保持良好的交流和沟通,以确保面料订单的顺利生产。

一、填写《打色样通知单》

跟单员应根据客户要求填写《打色样通知单》,其内容一般包括颜色标准样、色名与色号、纱线线密度(纱支)、成分、打样的板数、对色光源、色牢度、打样坯布规格及大小、通知日期及完成期限,有的公司还会要求染化料的环保性。具体的打色样通知单见表2-2,不同企业的单据格式是不一样的。

表2-2 打色样通知单

客户名称			制单编号		
面料编号			色号		
坯布成分			打样数量		
纱线线密度(纱支)			印花方式		
打样完成时间			订单交货期		
对色光源					
色牢度要求					
原样色板			新样色板		
色名	色号	A	B	C	D

主管批准:＿＿＿＿＿＿ 日期:＿＿＿＿＿＿ 签收:＿＿＿＿＿＿ 日期:＿＿＿＿＿＿

1. 原样色板

原样色板有提供色样和提供 PANTONE 色号两种形式。

(1)色样:客供色样的形式可以是纸卡、织布或一小撮纱线。如果是织片形式,规格一般要求不小于6cm×6cm,客户色样的尺寸应适当,过小会影响打样员对颜色的判断。

客户的色样要干净整洁,且材质与待加工坯布一致。纸板样或其他色样会在一定程度上影响最后颜色的确认。客户的色样有时是单色的,有时也会是经纬异色、麻灰双色,甚至是混纺面料的多色效果,跟单员应严格按照客户要求打色样。

(2)PANTONE 色号:PANTONE 色彩匹配系统(Pantone Matching System)是涵盖印刷、纺织、塑胶、绘图、数码等领域的色彩沟通系统,它将颜色以数字语言的方式进行了统一描述,已经成为国际色彩的标准语言。专门用于纺织业的 PANTONE 色卡已成为服装设计师、生产商、零售商以至客户之间的标准化色彩语言。无论世界任何地方的客户,只要指定一个 PANTONE 颜色的色样,就可按客户要求的色彩进行染色。

PANTONE 色彩匹配系统的所有色样都是在美国新泽西州卡尔士达特士的 PANTONE 总部的自设工厂统一印制的,它能保证在世界各地发行的 PANTONE 色样完全一致。经过近 40 年的发展,PANTONE 公司的产品广泛应用于世界各地,凡是需要进行色彩沟通的地方,都在使用 PANTONE 色彩匹配系统。所以,PANTONE 色彩匹配系统是国际贸易中必不可少的重要工具。

纺织用的 PANTONE 色卡有 TP PANTONE(Textile Pantone Color on Paper)(纸板)和 TC PANTONE(Textile Pantone Color on Cottone)(棉布版)两种。当客户使用 TC PANTONE 色卡作为色样时,要注意的是因纸质色样与织物色样对光的反射不同,所以前者比后者显白。

2. 打样数量

一般情况下,化纤类染色面料每种颜色打 4 板,其他类型面料每种颜色打 2 板或 3 板。

3. 对光色源

面料的视觉颜色与所处的光源有直接关系,同一种颜色在不同的光源下会呈现一定的色泽偏差。对此人们在购买服装时都有深切体会,如某件衣服的颜色在店里的灯光下看起来很好看,可是拿到店外的日光下观看,却发现颜色发生了变化。所以,客户一般会规定双方在什么样的环境下对色。

这里的对色光源一般是指验色灯箱的光源。标准的验色灯箱(Standard Light Box)有美国的 NachbQth Spectr、um Ⅲ 灯箱和中国的 TILO 灯箱等。一般的验色灯箱都有多种对色光源,如 D65、U30、TL84 灯光等。不同的国家和地区所要求的对色光源是不一样的,不同客户提出的对色光源也不一样。通常情况下,有些欧洲客户会要求用 D65 和 TL84 光源同时进行对色,美国的客户则会要求 D65 和 CWF 光源进行对色,大部分客户一般只指定用 D65 一种光源进行对色。几种常用的对色光源及用途见表 2-3。

表 2-3　对色光源及用途

光源名称	灯的类型	用　途
D65	过滤钨灯	模拟自然日光条件,即北窗室内光的条件
A	钨丝灯	与其他光源配合使用来鉴定样品是否存在同色异谱现象
U30	美国商业荧光	模拟美国商店灯光,美国的另一种商店灯
CWF	美国商业荧光	模拟美国商店或办公灯光,有时称冷白光
UV	荧光或紫外光	用于观察织物控制白度的效果
TL84	欧洲商业荧光	模拟欧洲商业灯光

4. 色牢度

染色面料在穿着和保养过程中会因光、汗、摩擦、洗涤、熨烫等原因发生褪色或变色现象,从而影响织物或服装的外观美感。经受外力作用后的褪色程度即为面料的色牢度,它是面料考核项目中的一项重要技术指标。色牢度(Color Fastness)一般有耐光晒、耐水洗、耐摩擦、耐汗渍、耐熨烫等指标,每一色牢度项目又有相应的评判等级,色牢度一般分为5级9档,即1级到5级之间又可分为4个半级,级数越高,色牢度就越好,5级最好,几乎不掉色,1级最差。耐日晒、耐光色牢度分为8级,级数越高,色牢度越好。

二、通知面料供应商打色样

填写完《打色样通知单》后,跟单员需将其转给面料供应商打色样,作为面料颜色样板的依据。

面料分为染色面料(素色)、印花面料和色织面料,因此面料颜色样板也分为染色烧杯试样、印花手刮样(Strike Off)和色织样(Hand-loom)。染色烧杯试样一般需要2~3天,色样大小一般不小于6cm×5cm。印花手刮样需要10天,样品大小尽量有一个完整的花型循环或不小于50cm×50cm。很多工厂为了保证颜色和花型的准确性,直接做网版放大样。色织色样需要10天,样品大小一般同A4纸大小。

三、打色样

打色样是生产企业化验室的工作,并不需要跟单员直接参与。化验室打色样的过程如下。

1. 准备工作

打色样之前,化验室需要做坯布处理和打样配方确认两方面的工作。

(1)坯布处理。由于打色样是确认大货工艺的基础,所以要求化验室人员在打色样之前首先确认打色样所用坯布是否与大货生产用坯布一致,如纱线密度、织物密度和厚度是否一样。在基本规格形同的条件下,坯布的厚度越接近,使用相同染色配方染色后的颜色就越接近。打色样前,化验员还需根据大货生产的特点和后整理要求,考虑色样坯布是否需要进行必要的前处理。如普通涤纶织物在打样前必须使用洗涤剂对其进行处理,而强捻涤纶织物在打样前必须作减量,才能保证打样颜色的准确性。

(2)打样配方确认。一般生产企业的化验室有参考样卡,参考样卡是经过整理的各种颜色的小样,这些小样是生产企业以前打样后的留样。为了提高打样的效率,化验室会将客供原样与参考样卡对比,找出颜色相似的样卡。然后,查找出相应的打样配方作为要打色样染色配方的参考。

如果化验室没有参考配方,就需要化验员根据颜色要求、生产难度、生产成本和颜色牢度等方面的要求,建立相匹配的染料组合、确定配套的助剂和相应的用量,保证无同光异谱现象。

(3)选定染色工艺。确定染色及前处理和后处理流程、配方温度和升降温速度。

(4)确定配料方法与加料顺序。

2. 打样

在确认好坯布和染色配方后,化验室就可以用确认好的染色配方对坯布进行试验了。影响打样的因素很多,如染样设备、染料、助剂、吸料等,化验员应根据打样面料的类型选择合适的染色设备和正确的染料进行染色。如甘油打样机适合于分散染料(Disperse Dyes)染涤纶,直接染料(Commercial Dyes)适合染天然纤维。然后将坯布进行染色,染色完毕后烘干。

将每次打样的结果与配方贴在一起,会使结果具有可比性,帮助调色师尽快确认染色配方的需求方向和用量,并方便发现打样过程中的异常情况。

四、颜色样的审核

面料供应商和面料部门按颜色样板通知打好色样后,交给跟单员。跟单员在寄给客户确认之前应亲自审核。审核内容有如下几方面。

1. 色名及色号

检查面料颜色样的色名、色号是否与客户原样完全一致。

2. 面料对色

面料对色就是观察面料的颜色与客户原样间的颜色差别。由跟单员会同质监部门对颜色样板进行颜色核对,鉴别面料样板颜色与客户样板的颜色是否一致。

(1)对色光源:条件允许的话,最好选用标准的验色灯箱,并按照客户指定的对色光源对颜色样板进行对色。如果没有标准的验色灯箱,可以在窗户向北的房间里在打开日光灯的条件下进行对色。通常光线强度为4只40W的日光灯的强度,日光灯应距检验工作台50cm。

(2)对色背景:对色结果也会受对色背景的影响。为了减少这种影响,可以先在颜色检验台的表面铺上涤/棉半漂布,然后盖上毛玻璃或普通玻璃。

(3)对色方法:对色时,需将两块尺寸接近的色样并排摆放在工作台上,要做到两个色样放置的方向一致。对绒棉织物进行对色时,需要特别小心,一旦绒毛的顺向不同,所看到的颜色会有很大差异。另外,要保证光源的稳定,避免跳灯、炫光等现象,以提高对色的准确率。对于质量标准高、要求严格的产品,颜色样板对色应由专门的技术人员在指定地点进行。

跟单员经过对比后,如果发现与客户颜色标准差异较大,就应返回染色厂重新打色样。

3. 色牢度检验

色牢度的测试项目很多,根据客户和面料的用途而不同,一般织物都要测试光照牢度和皂洗牢度(Fastness to Soaping),只有泳衣类面料才测试耐海水牢度。测试的标准可以按照客户的标准进行,测试完毕后,要用灰色样卡(Gray Scale)评定试样的变色程度和贴衬织物的沾色程度。

灰色样卡提供了很多颜色差别,这些颜色差别模拟了面料褪色(Fading)或沾色(Staining)前后的差别,通过将测试前后试样的差别情况与灰色样卡提供的标准颜色差别对比,就可以得到试样的色牢度等级。评价变色的具体检验方法可以参照国家标准 GB 250—1995(等同于国际标准 ISO 105/A02—1993），评定沾色的具体检验方法可以参照国家标准 GB 251—1995（等同于国际标准 ISO 105/A02—1993）。

4. 其他

还需要检查颜色样是否粘贴牢固，最好用质量好的双面胶粘贴，以避免色样掉落而把颜色小的样顺序弄乱。因为，即使是同一个颜色，对于不同的色样来说，染料配比和色头都有所不同，如果把顺序弄乱后，就很容易更改记录，严重的会影响大货的生产，甚至导致客户索赔。

五、颜色样的确认

面料颜色样对色完成、审核合格后，由跟单员将颜色样送交客户确认。色样寄给客户要及时催促客户回复确认意见，并做好记录，将最后确定的颜色式样制作一式两份，送面料供应商一份，自己存底一份，以方便后续生产过程中准确核对大货面料的颜色。客户确认颜色板以后，就可以进行大货面料的生产。需要注意的是，客户一般不要求小样洗水，面料的洗水样一般从大货中抽取。

不同客户对颜色样的要求不同，有些客户非常严格，有些颜色样的对色结果为90%以上，却仍然无法通过。如果颜色样未获得客户通过，客户一般会提出更正颜色样的具体要求，如客户要求颜色加深或变浅，或者进行亮度的调整。通常情况下，批复评语会用英文简写表示，如 LG 为少绿（Less Green）、AY 为多黄（Add Yellow）。遇到这种情况，跟单员最好再次要求客户提供对比色卡，以便能按照客户的要求进行修改。有时客户只确认了订单中的一部分颜色样板，此时跟单员应留意跟进其他颜色样板的确认进度，并确认新的批复期，以方便后续面料生产的跟单工作。

任务三　询价报价

【任务导入】

一般在样品得到客户确认后，就可以根据客户的询价条件进行报价。外贸公司跟单员就必须根据确认样决定该如何报价。

【知识要点】

询价（Inquiry）也叫询盘，是贸易的一方向另一方发出的询求购买或销售某产品交易条件的表示。询价是交易的起点，有普通询盘（General Inquiry）和具体询盘（Specific Inquiry）两种形式。普通询盘一般是客户索取普通资料，如产品目录、价目表等。具体询盘则是客户给出具体的询价条件进行询价。

客户在具体询盘时，一般都会说明询价条件，如果询价条件不明确，跟单员应与客户确认。得到客户的询价条件后，跟单员要认真分析，根据询价条件的不同而报不同的价格。询价条件主要包括以下几方面。

（1）面料规格和数量：对成品来说，需要具体到每个颜色及花色的数量。有时客户的数量较少，难以达到工厂的起订量，加工费用可能就会高一些。

（2）面料的质量要求：有的客户对面料的撕裂强力和拉伸强力要求比较高，那就选择好的坯布。有的客户对面料的色牢度要求比较高，各项都要求在4级以上，就要选用好的染料、好的染色工艺。所以，客户的要求比较高，就会增加原料成本或加工成本。

（3）报价形式：国外客户一般都要求按某种形式的价格报价，如CIF、FOB或EX—MILL。

（4）包装要求：有的客户要求纸箱包装，有的客户则要求塑料袋包装，各种包装的成本不同。所以，在报价前，跟单员先要明确客户的询价条件，询价条件不同，价格自然不同。明确了询价条件后，跟单员应在本公司总的报价原则的基础上，根据不同类型的面料进行报价。外贸公司对国外客户报价时，可以不考虑面料的生产成本，而直接比较不同生产企业的报价。为生产企业在向外贸公司或者服装企业报价时，就必须考虑面料的生产成本，同时还应考虑所要求的报价方式，如经销方式、双经销方式或加工方式。

一、面料报价的基本方式

每家公司追求的利润率有所不同，面料报价原则就是在保证公司要求的利润率的前提下报出合理价格。基本公式如下。

1. 国内报价

$$面料人民币价格=面料成本+利润$$
$$面料成本=原料成本+织造费用+染色印花后整理加工费+检验打卷包装费用+$$
$$税费+各个环节的损耗+其他固定费用$$

2. 国际报价（以FOB、美元价格为例）

$$面料美元价格=\frac{货物的出厂价或出库价-出口退税额}{外汇汇率+工厂（仓库）到港口或机场的运费+装舱费+利润}$$

二、机织面料的询价报价

由于机织面料上机织造的工艺比较烦琐，染色的程序比较复杂，一般起订量都比较高，如牛仔布一般起订量为5000m，色织布为3000m，常规染色布的起定量为1000m，定制染色坯布的起订量为3000~5000m，印花布的起订量为3000m（一套颜色组合）。有些企业对低于起订量的订单要加收额外费用，所以首先要考虑客户询价的数量。有时候外贸跟单员并不需要计算面料的成本，而是直接向面料供应商询价，这时只要能够保证本公司的利益底线就可以了。

机织面料是以长度为报价单位的。有些地区以米为单位，如一些欧洲国家；有些地区以码为单位，如美国、加拿大、澳大利亚等国家。

1. 原料成本估算

面料的原料成本是指纱线的费用。计算纱线的费用，首先需要确定经纬纱的用纱量，然后乘以纱价。由于外贸跟单员从客户处接到的一般都是成品面料，所以跟单员进行原料成本估算时，需要从成品面料的规格中得到单位长度坯布的纱线用量。由成品面料计算单位长度坯布用纱量的基本流程如下图所示。

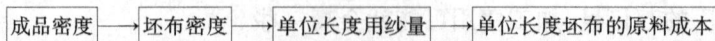

$$\boxed{成品密度} \rightarrow \boxed{坯布密度} \rightarrow \boxed{单位长度用纱量} \rightarrow \boxed{单位长度坯布的原料成本}$$

坯布用纱量的计算流程

坯布经过后加工得到的成品坯布会出现幅缩率,同时匹长方向也有缩率,这些缩率一般是某一工厂的经验值,跟单员很难得到准确值,只能参照一般经验值。有了织物缩率,就可以估算坯布面料的密度。

坯布经密=成品经密×(1-幅缩率)

坯布纬密=成品纬密×(1-匹长缩率)

然后,由坯布密度计算单位长度用纱量(g/m)。

经纱用量=(坯布经密×幅宽×n)/(经纱公制支数×10)

纬纱用量=(坯布纬密×幅宽×n)/(纬纱公制支数×10)

这里的经纬密采用的单位都是根/10cm,幅宽的单位是 cm,纱线细度单位是公制支数,式中的系数 n 由织物缩率和损耗等因素决定,不同类型的织物可能并不相同,一般企业都有自己的经验值。对于弹性面料则更加复杂,在这里不再讨论。

最后,单位长度坯布的原料成本就可以粗略得到。

单位长度的原料成本=经纱用量×经纱单价+纬纱用量×纬纱单价

例如,常规品种全棉纱卡其坯布的规格是 36 公支×27.5 公支×504 根/10cm×236 根/10cm×160cm,此织物的 n 值取 1.11。根据公式计算如下。

经纱用纱量=504×160×1.11)/(36×10)= 248.6(g/m)

纬纱用纱量=(236×160×11.1)/(27.5×10)= 152.4(g/m)

假设 36 公支棉纱的价格是 2000 元/t,即 0.02 元/g,那么经向用纱成本如下:

248.6×0.02 = 4.97(元/m)

同样,假设 27.5 公支的棉纱价格是 18000 元/t,那么纬向的用纱成本如下:

152.4×0.018 = 2.74(元/m)

则此规格的面料成本如下:

4.97+2.74 = 7.71(元/m)

2. 织造费用

织造费用主要与纬密有关,纬密越高,织造费用越高。织造费用还与织机类型、原料价格和织造难度等因素有关。通常生产企业报出的织造费用是每厘米坯布的织造价格,但这个价格通常被说成"纬",即每厘米的费用表述成每纬的费用。如一般全棉坯布用喷气织机织造费用为"一毛钱一纬",是指每厘米的织造费用 0.1 元。

有些品种织造难度比较大,织造费又要高一些。织物组织越复杂,织造难度越大,织造费用相应会高些。织物幅宽越大,织造费也越高。

另外,织机的类型也会对织造费用有影响,一般来说织机越高档,织造费越贵。

织造费用还会受季节的影响,淡季的织造费比旺季便宜些,一般上半年是淡季,下半年是旺季。规模较大的生产企业,管理规范、产品质量有保证,同样织造费用也会高些,跟单员可以根据客户的质量要求选择合适的生产企业。

跟单员还要注意自己所跟订单产品是否为常规产品,常规产品的织造费用一般较低,且相对稳定;特殊产品的织造费用较高,且变化较大,织造费用一般与产品复杂程度、生产工艺的难度、织机的类型以及生产数量有关。

3. 织造损耗

面料在织造过程中会有一定的损耗,主要是需要裁掉的布边组织,跟单员通过成品面料进行估价时,就需要考虑到坯布的损耗。一般坯布的织造损耗在 1%～3%,不同原料的产品会有所不同,如化纤长丝的布边组织用纱量约占坯布总用纱量的 1.5%,而黏胶纤维坯布的布边组织用纱量占总用纱量的 2.5%～3%。

4. 染色印花加工费

染色加工费用受多方面因素影响,主要包括染色方法、使用的染料、织物规格及颜色深浅等因素。

染色方法有扎染、卷染和浸染三种。使用不同的染色方法,加工费用有所不同。在一般情况下,全棉织物使用活性染料长车扎染,较厚的秋冬面料的染费在 2.8 元/m 左右,高于绳状浸染的费用。绳状浸染是最常用的染色加工方式,普通的纯涤织物使用绳状浸染,春夏面料在 1 元/m 左右,秋冬面料在 2 元/m 左右。普通的印花根据有几套色、幅宽的大小,加工费在 2～5 元/m 不等。

计算染色印花加工费时,还需考虑染缩率。不同类型的织物的染缩率有很大不同,染缩率是实际生产中的一个经验值,跟单员可以通过咨询生产企业中有经验的人获得。

对于非常规面料,如锦纶、天丝及莫代尔等面料,或者需要特殊加工的面料,如特氟龙三防处理、绣花加工费、涂层及复合等,都需要详细咨询相应的生产加工企业,得出准确的费用。

5. 后整理加工费

整理加工费根据客户对整理要求的不同而不同,一般常规整理的费用较低,而特殊整理的费用比较高。如柔软整理属于常规整理,它的价格是由柔软剂的加入量和柔软剂的价格决定的,通常柔软整理的费用为 0.1 元/m。轧花整理则是一种特殊整理,主要目的是赋予面料特殊的外观效果,它的价格是由轧花花型的复杂度和加工难度决定的,通常轧花整理费用为 0.6/m 左右。

6. 检验打卷包装的费用

检验打卷的费用一般不超过 0.1 元/m,包装的费用则因使用的包装材料的不同而有很大不同。

7. 其他费用

此部分费用包括两个部分。一个部分是生产企业的管理费用,由于此项费用很难准确统计,生产企业一般会加在利润空间里面;另一个部分是出口纺织品的一些其他费用,如装箱费用、运输费用、证件费用(包括商检费、公证费和报关单费等)、税费以及保险费用等,这些费用跟单员可以直接询问本公司的有关人员。

需要说明的是,这里的理论计算只适合于常规类型的面料,而一些新开发的、特殊整理的、特殊功能的面料,由于附加值比较高,所以生产企业的报价远高于成本。另外,被一些大公司垄断的特殊面料的价格也不适用以上的计算方法进行估计,这些面料的价格同样远高于其成本,如金属面料刚面世时,由于其独特的风格和服用性能,很受一些服装大买家的青睐,面料价格高达 50~60 元/m。TENCEL、COOL、MAX、Bemberg 等纤维和面料的生产由几家大公司控制,所以价格也比较高。

跟单员将成本估算出来后,就可以加上本公司的利润进行报价了。每个公司的利润空间不一样,不同的客户对价格的承受能力有所不同。因此,跟单员在加利润的时候需要综合考虑,最好在报价传给客户之前,先由部门主管进行审核。报价时,应根据客户要求的报价方式进行报价,如 FOB 价格。价格计算出来后,还要将人民币价格折算成客户要求的国际结算货币的价格,如美国的客户一般会选择美元为结算货币,有些欧洲的客户则要求报英镑价格或欧元价格。

三、针织面料的询价报价

针织坯布上机织造工艺相比机织坯布简单得多(如纱线一般不需要上浆),染色和后整理也可以适用于小批量,所以常规品种针织面料的起订量一般比较低,如100kg。

由于针织面料的伸缩性比较大,长度和幅宽在拉伸的状况下不稳定,在记码机上测量的长度不准确,所以一般以重量为报价单位,如千克(kg)、磅。有些客户为了更加直观地了解一件服装的大约成本,需要我方报每米或每码的价格,这就需要先在面料自然状态下称克重,再根据每千克或每磅的价格换算出每米的价格。

针织面料报价的构成因素与机织面料一样,不同之处在于一些构成因素的具体计算方法(如原料成本的计算)和价格。

跟单员进行原料成本估算时,需要从成品面料的规格中得到单位重量的坯布纱线用量。

由于针织坯布在印染过程中,经过前整理、煮练、染色等工艺,坯布与溶液中的染料结合,会吸湿膨化,一般都会增重 15~20g/m²。坯布这个值会随着纤维原料、织物结构、染色工艺及染料的不同而有一定的浮动。如普梳纱因杂质较多,同种纱线线密度的织物较精梳纱的成品会轻些;纬平针织物与罗纹织物相比,线圈更加密实,故坯布与成品的克重差要比罗纹布小。

坯布的平方米克重＝成品平方米克重－染色增重

任务四　订单评审及签署

【任务导入】

样品得到客户确认,双方价格谈妥后,客户就会下正式的订单。供应商在签订订单之前,需要对订单进行审核。

【知识要点】

一、订单评审

供应商评审订单时,一般会组织跟单员、生产人员及质检人员一起参加,审核内容主要有以下几方面。

1. 价格

价格评审的主要内容包括币种、数额和付款条件,要检查这些项目是否与以前的协议价格相符,如有不符应立即与客户协商。

2. 面料规格

在正式订单中应该有面料的详细规格。对于针织面料来说,最好能够有面料克重的要求,特别是原料价格较贵的毛绒面料。面料克重是衡量面料质量的重要标志,也是成本控制的重要参数。很多企业在生产面料过程中会通过控制面料克重来控制成本。跟单员在收到订单的时候,要检查订单要求的克重是否与之前确认样品的克重相符。

3. 检验标准

检验标准一般作为合同的附件出现,它是面料生产、交货的参考。供应商需要了解客户所在国家关于订单产品的国家标准或国际标准。如果客户对某些标准要求过高,供应商感觉生产中难以实现,则可以参考相应的国际标准,与客户协商。

4. 交货期

交货期对于客户来说是至关重要的,特别是那些季节性要求比较强的服装,面料交付的是否及时关系到产品能否准时上市。

对于不同品种、不同花型、不同加工厂及是否为旺季,订单的生产周期有所不同。一般来说,成品面料的生产周期为 1~2 个月。如果是外贸订单,还需要加上 3~4 天的时间准备出口单据。

跟单员在收到订单之后需要跟加工厂核对实际交期。如果客户给的生产周期很短,跟单员就需要与客户协商是否能推迟交期。有些时候,客户因为某种原因一定要保证原来的交期,就需要跟单员与加工厂协商,查看是否可以把该订单当成特殊订单处理。有些加工厂对于急单是有一定规定的,如需要加收一点费用。这些都需要与加工厂进行最后协商。

5. 起订量

面料的起订量与公司的规模及设备情况有关。大公司一般起订量大一些,这是从优化生产和设备能源来考虑的。但随着国际市场竞争的不断加剧,各种订单开始向多样化、小批量发展。因此,为了增加竞争力,各面料公司开始降低起订量的标准。

6. 付款条款

合同中付款条款对于外贸公司来说很重要。外贸公司与客户协商,可以采取信用证付款或者 T/T 付款。

用信用证付款的好处是有银行作为担保,有了提单就可以付款,付款风险小。但是信用证很容易出现不符情况,如果出现不符点,银行会扣除相应的款额。因此,在开信用证和出货的时候一定要仔细查看,避免出现单证不符而影响收款。

T/T 付款一般为发货后一定的天数付款,如"T/T30days"就是指发货后 30 天付款。该付款形式操作简单,但风险大,一般发生在比较熟悉的供应关系中。

二、签订合同

1. 客户大货生产前的预订

有的公司会提前做好新一年的大货订单预订,并让工厂预留一定的生产工时。这种提前预订订单不是最终的订单,它会做相应的更改。

2. 正式合同的签订

价格、克重、交货期、起订量等审核合格后,就可以签署正式的大货生产合同。一般大货生产合同中要有双方法人的签字及公司盖章才能生效。但对于长期供应关系,双方通过邮件订购的合同在法律上也生效。

任务五 文件资料整理

【任务导入】

在跟单工作中,资料整理非常重要。资料整理的好坏直接影响到跟单员跟单工作的好坏。

【知识要点】

在订单生产期间,跟单员需要整理的资料很多,从联系客户开始一直到客户下单的过程中,会有大量的文件资料。

一、客户基本资料整理

客户基本资料的整理主要是为每位客户建立信息档案,基本内容参见"客户维护"部分。

二、样品资料整理

1. 颜色样板整理

已经完成的面料颜色样要贴在规定的表格内(如公司统一汇总的颜色样板卡手册),并根据打样通知书标明色号、色名、编号、送样日期等内容。要对所有颜色样卡编号,并按时间顺序排放,以便日后随时复查。妥善保管好颜色样板卡,防止出现褪色、潮湿或发霉等现象。还要定期清理已经过时的面料样板,将不再用的样板作封存或丢弃处理,以便空出文件夹和空间放置新的面料样板。

2. 客户原样整理

客户给的原样(包括手感样和品质样)要妥善保管,一般公司统一按照一定的顺序编排,由样品管理员统一保管,或者按客户要求退回原样。但一般来说,对需要退回的原样,跟单员应对原样进行电子存档,以便日后需要的时候查找。

3. 样品整理

按照客户要求打的样品,特别是客户确认的样品,一般需要一式两份,一份寄给客户,另一份留档。这两份样品要标明日期,便于查找。一般公司设有样品库,开发的留底样品交给样品库管理员进行统一管理。但需要跟单员对样品进行编号并记录时间,特别是最终客户确认的样品,一定要妥善保管,以便需要的时候能顺利找到。

三、订单资料整理

1. 价格资料整理

跟单员要详细记录为客户报价过程中产生的报价资料。包括时间、报价依据、客户反馈信息、更改价格日期及最终确认价格等。具体报价内容见表2-4,应根据每个公司具体情况,对该表格做相应调整。

表2-4　客户报价表

Client(客户)	PR	Remarks(备注)
Date(日期)	2008-5-22	
Sample type(样品类型)	Photo	
Style No(款号)	PR08002	
Description(描述)	JACQ	
Line density(线密度)[Yarn Count(纱支)]	18.2tex(32英支)	
Composition(成分)	100%COTTON	
Gauge(针型)	12G	
Width(幅宽)	1.44m	
Yarn Weight per Meter(每米克重)	0.15kg/m	
Yarn Price per Ton(每吨价格)	18200.00元	
Material Gosts RMB(原料费)	2.81元	= yarn weight per meter×yarnprice×(1+wastage)/1000 [纱线单位重量×单位价格(1+损耗率)/1000]
Knitting Gosts RMB(织造费)	2.50元	
Dying Gosting RMB(染色费)	3.00元	
Finishing Gosting RMB(后整理费)	0.50元	
CMT RMB(加工费)	6.00元	=knitting cost+dying cost+finishing cost (织造成本+印染成本+后整理成本)
Other Costs RMB(其他费用)	2.00元	
Ex Factory Cost USD(出场费)	10.81美元	=material cost+CMT+other costs (原料费+加工费+其他成本)
1st FOB USD(一次报价)	2.14美元	=Ex Factory Cost×1.1 [(出场费+利润)/汇率]

2nd FOB USD(二次报价)	2.10 美元	报价日期:2008 年 5 月 25 日
3rd FOB USD(三次报价)		
Price Final Confirmed USD(确认价格)	2.10 美元	价格确认日期:2008 年 6 月 1 日
Customer Target Price USD(客人目标价格)	2.00 美元	
BULK Quantity(大货预计数量)	5000.00 件	
Amount Price USD(总价值)	10500.00 美元	

与客户磋商过程中的任何价格方面的变动都需要体现在上面的价格表中,这样既便于跟单员进行资料整理,又便于跟单员进行利润控制。

2. 订单整理

对于客户下的订单,跟单员应进行妥善整理,放在专门的订单夹中,按照不同的客户进行分类,并按收到订单的先后顺序进行排列。对于订单品种较多的客户,还可以按照面料的类别进行分类,如普通面料、提花面料及特殊处理面料等。

四、重要邮件整理

在订单生成期,外贸跟单员会与客户有很多往来邮件,对于重要的邮件,跟单员需要打印出来进行书面存档。比较重要的邮件有如下几种。

(1)关于价格的邮件,特别是双方确认价格及付款条件的邮件。

(2)关于样品质量、颜色等的确认意见。

(3)关于确认交期的邮件。

(4)关于公司地址、公司银行及相关联系人的邮件。

任务六 常见问题及处理

【任务导入】

订单生成期涉及很多工作,如样品开发、报价、落实合同等。在实际工作中,要从容解决自己遇到的问题,就需要跟单员不断积累工作经验,并且还要借鉴他人的经验。

【知识要点】

一、样品开发及送报过程中的问题及处理

1. 颜色小样未得到客户的确认

跟单员将颜色小样报送客户后,却得到否决的结果,这是常遇到的情况。每位客户对颜色小样都非常重视,因为颜色小样正确与否,直接反映了生产企业的技术能力。所以,跟单员在将

颜色小样寄出之前,需要对照原样进行对色检查,检查时应注意所选择的对色光源是否符合客户的要求,同时还要注意对色时光源是否稳定。通常打色样前,客户会明确规定对色光源。美国商店里用的照明光线接近于 CWF 光源,所以美国客户一般把 CWF 作为主光源,D65 (Daylight)作为辅光源;欧洲商店里采用的照明灯光接近于 TL84 光源,所以欧洲客户一般会把 TL84 作为主光源,D65 作为辅光源。跟单员在填写《打样通知单》时,一定要仔细检查对色光源是否正确。跟单员进行对色检查时,也要注意选对光源。

如果跟单员和生产企业都确认对色检查时所选光源是客户要求的光源,跟单员就要与生产企业确认对色检查的操作是否有问题。如对色检查时,是否有以下现象出现:在标准灯箱的主光源下,颜色小样和客供原色样很接近,但在辅光源下却相差较大;在主光源下看显红光,在辅光源下看显黄光。这种现象称为跳灯,即在两种光源下,与原样比显现两种不同的色相。如果出现这种情况,跟单员需要提醒生产企业调整染色配方,重新试验,直到满意为止。

2. 样品费用问题

无论外贸跟单员还是生产跟单员,在联系客户,特别是初次联系客户的时候都会遇到样品费用的问题。单个样品的费用并不高,但长期积累下来却是不小的开支。那么这笔费用由客户负担,还是由外贸公司或生产企业负担,是个左右为难的事情。这个问题难以找到统一的解决办法,不过很多办法对新手来说很有借鉴意义,如对不同的客户区别对待。老客户比较信任,因为有订单,完全可以把样品费用计入成本;对新客户,则可以事先说明让客户先付样品费用,等有订单后,再退还费用;如果样品费比较高的话,也可以尝试与客户商量各付一半。这样处理比较灵活,而且可以杜绝那些只想收集样品,不想下订单的贸易公司。

样品的邮寄费用也是笔不小的数目,国内的快递费用一般不高,但国际快递费用则比较贵,如 1kg 的货物从中国快递到英国一般需要 400 元人民币,所以快递费用采用到付肯定没问题,国外客户一般会提供到付的账号。

样品快递到国外后,客户也可能拒收,当然这种情况很少见。样品快递到国外,如果客户因为某种原因,如突然取消此类面料的订购,就有可能拒收样品。这时,如果样品再退回到国内,那国内公司就要出一笔不小的往返快递费。所以,有些公司的做法是,如果面料样品价格不贵,就申请快递公司在当地销毁样品,这样就少付一半的快递费用。

3. 开发的样品客户不满意

生产企业开发出来的样品,客户不一定很满意,特别是一次样。因此,跟单员需要充分与客户沟通,确认客户的想法,把客户的想法和意见准确地传递给生产企业的打样车间,并与工艺技术人员深入地沟通,如果经多方努力还是达不到客户的要求,就需要查找原因。如果是因为生产企业的技术原因,就应该督促生产企业解决,如果因为客户的质量标准有问题,就应该与客户沟通,并给客户提供合理的建议。

这项工作在打样前期尤其重要。跟单员争取在样品寄出前,能够有把握让客户满意。如果样品超过三次才被确认的话,客户会对跟单员和生产企业的能力产生怀疑,进而影响订单。

4. 开发的样品只适合做小批量,不适合大货生产

有时候客户的设计师只是考虑面料的设计效果,没有完全顾及面料的工艺,使得样品过于复杂,难以实现。如针织面料的花型过于复杂,小批量的打样还可以操作,如果实际大货生产就很困难。遇到这种情况,需要跟单员提前与客户协商,让客户更改或简化设计要求。如果客户坚持原设计,就需要提前告知客户,订单数量不能很大,价格也会比较高。只有经过客户确认之后,后期的工作才有意义。遇到这样的情况,跟单员要与工艺员保持密切联系,在客户下订单之前,把实际情况反映给他们,绝不能等客户下了订单后才告诉客户大货生产的难度。

5. 按客户要求开发的样品估计价格过高,客户接受不了

有经验的跟单员应该对自己客户的价格承受能力有一定把握。尤其是在样品开发阶段,如果客户开发的样品很特殊,估计价格远远超过客户的承受能力,就需要提前通知客户,问客户是否能接受较高的价位。否则以后的工作都是徒劳无功的,浪费双方的时间和金钱。当然,跟单员应与生产企业的工艺员沟通好之后,给客户一个合理的建议,如稍微更改一下花型或颜色的数量,就会使费用明显降低。

二、报价过程中的问题及处理

1. 报价错误

跟单员在审核合同,发现自己前面给客户的报价是错误的,如客户要求的纱线是精梳品质,而跟单员由于疏忽,报价是按照普通面料的价格报出的;CIF 报价中没有算入海费用;报价中没有包含面料测试费等。发现错误后,跟单员需要立即与客户沟通,说明情况,以取得客户的谅解。

需要说明的是,如果双方已经在合同上签字,即使发现报价存在错误,客户也很难同意更改,所以报价时一定要认真核算,考虑到一切会发生的状况(如原料涨价、汇率变化等),并在报价前由跟单主管审核,审核合格后方能给客户报价。

2. 报价不合理

面对当今的国际市场,跟单员报价时要避免报价太高,丧失价格竞争,把客户吓跑。在报价之前,跟单员应充分调查整个市场,并对该客户的价格承受能力心里有数。同时,报价也不能太低,使公司没有利润。有的时候,为了拉住客户,有些公司会采取保本报价。

3. 双方对于价格或付款条件争执不下

在双方对于价格或付款条件争执不下时,跟单员要充分与客户沟通,确认客户最高能接受的价格。然后再与生产企业及工艺技术人员沟通,通过修改工艺或通过改变纱线线密度、纱线成分来降低成本,并给客户合理的降低成本的建议,如有必要的话,需要客户合作修改样品设计,但原则是尽量保证样品的整体风格不变。

三、审查合同中的问题及处理

1. 订单数量达不到最低起订量

签订合同之前,跟单员应向客户说明企业对各种产品的最低起订量。在有很多公司,该项工作是在开发新客户的时候就通知客户的,有的公司在每一季刚开始的时候,会给每位客户寄送本公司产品目录及最低起订量标准。最晚应在签订合同之前,把该信息告知客户,并得到客户确认。

2. 合同中客户的付款条件不能接受

有些客户对合同中规定的付款条件描述不够详细,如只是简单地说预付30%。在这种情况下,如果客户没有及时支付预付款,公司就很难决定是否按照合同规定的交期生产。如果开始生产,但预付款还没到,如果不生产,就难以在合同规定的交期之前完成生产。遇到这种情况,跟单员可以与客户协商,在合同签订后一定期限(5个工作日)内把预付款的银行底单传到公司,否则责任由客户承担。当然,付款底单可以作假,通常5个工作日内预付款就能到账,最稳妥的就是等钱到账再进行下一步工作。

另外,土耳其及中东地区一些客户给出的付款条件是开船后 L/C 90 天,这种付款条件风险很大,其主要有汇率风险和市场风险两方面。美元对人民币的汇率是不断波动的,尤其近几年美元的贬值,人民币的升值,给企业带来很大损失;由于国际市场的需求不断变化,面料的市场价格也不断变化,如果客户方市场饱和,价格下降,客户就有可能不提货、不付款,尤其在一些国家银行信用体系不好的情况下,因此这种付款条件潜藏着很大的市场风险。

遇到这种情况,跟单员应尽量和客户沟通,让客户接受我们的付款条件,以保证公司顺利收汇。

3. 某些信用证条款不能接受

有的客户开出的信用证包含一些软条款,使我们不能正常收汇,如要求所提交的文件中必须有第三方的质量确认证明等。收到客户开出的信用证草稿后,跟单员要认真查看内容,如有不利于卖方的条款,应及时通知买方,协商更改条款。

4. 订单交期太紧

订单交期太紧,工厂按当时的生产情况完不成。在生产旺季,公司或企业在接订单的时候,一定要注意订单交期是否可行。原则上是尽量保证客户的交期,但如果确实有困难,需要提前与客户协商,推迟交期,同时要求客户修改订单。

5. 合同中的价格与双方之前确认的价格不一致

有些客户由于疏忽或其他原因,下订单的时候价格或付款条件与双方之前确认的不一致,这需要跟单员通知客户修改订单,并在收到修改后的订单后再安排大货生产。

☞ 小结

以某生产企业接受某客户的定织坯布染色面料的订单为例,简单回顾一下其基本流程,并介绍一下跟单员的基本工作。

1. 跟单员拿到客户原样后,分析其成分、组织结构、经纬纱线线密度、染料类型等内容,把开发新样品的费用明细表给部门领导审阅并签字,按照公司规定向外贸公司收取相关费用或由本公司支付。

2. 填写放样指示单,把要放样的资料填写清楚,让坯布生产厂放匹样。

3. 匹样完成后,按照客户提供的颜色样和品质样染色整理。将匹样与原样对比确认后,提供给客户确认品质和手感。

4. 确认客户收到样品后,询问确认意见。样品质量确认后,跟单员需要核算面料价格,并向客户报价。

5. 经过一番讨价还价,确认价格。然后对合同进行审查,确认合同条款后签订合同。

6. 填写坯布生产指示单,根据合同数量加上生产损耗坯布。

7. 得到客户的确认意见后安排打颜色样。按客供样(原色样)的颜色要求工厂打小样,打小样必须有《打色通知书》,其内容包括对色光源、色牢度、染化料是否环保、打样板数、打样坯布大小、打样坯布规格、完成时间等。

8. 把颜色小样做成色卡,并写好日期、颜色名称、小样号码(如 A、B、C)后,提供给客户确认。同时自己应留一份做备案。

坯布完成检验无误后,应根据客户确认的小样染色配方安排生产。

项目三　机织物织造跟单

【项目导入】

机织物织造跟单一般属于织造企业跟单员的工作范畴,是织造企业与外贸公司签订生产合同之后的跟单工作,包括订单评审、原料采购、制定生产计划、跟进生产进度、生产质量监控、产品验收和交付。在此过程中,生产企业跟单员重点是控制生产进度和生产质量,保证大货生产按时、按量、按质完成。

任务一　订单评审

【任务导入】

＊＊纺织印染有限公司的跟单员接到来自＊＊纺织品进出口有限公司的订单,该订单需要购买 10000m 纯棉机织坯布,试问跟单员应当如何审核该订单? 在审核过程中需要注意哪些问题?

【知识要点】

订单评审是在订单进入实质性实施和生产之前,进一步确认客户订单的内容是否能够顺利执行,通常是对客户单方面所下的订单以及对非正式合同形式的订单进行评审,而双方共同正式签订的合同通常在签订时已经过充分的商讨,实际已完成了评审过程,可以实施。订单评审一般由部门负责人或部门主管负责,对所需审定的内容逐一校对,并需明确说明审定结果。

一、订单形式

1. 正式文本合同

通常正式文本合同是针对新开发的客户、第一次进行产品贸易的客户、产品数量较大的交易,以及非常正式的产品交易等情况下使用的方式,是为了保证贸易双方的利益不受损害,而对贸易双方的义务和责任作出明确规定的,并具有法律效力的文本。通常合同中的内容包括产品名称、品种规格、数量、单价、金额、交货时间、交货地点、结算方式、产品质量要求、运输方式、保险、违约责任和交易双方代表的签字确认等内容。

每个企业的正式文本合同格式可能并不相同,一般会参照国家统一通用合同文本格式,或者贸易双方根据实际情况自行拟定格式。通常合同文本必须是原件,至少一式两份,甲乙双方各保存一份作为合同执行的依据。但是有时对长期合作的老客户,也可以通过传真或其他方式将合同文本传送给对方,并以此作为确认交易的凭证和依据,以便生产加工尽快实施。对于生产织造企业,文本合同有购销合同和加工合同两种,通常格式见表3-1和表3-2。

表3-1　坯布购销合同

甲方(供方):＿＿＿＿＿＿＿＿＿　　　　　合同(订单)编号:＿＿＿＿＿＿＿＿＿

乙方(需方):＿＿＿＿＿＿＿＿＿　　　　　签订时间:＿＿＿＿＿＿＿＿＿＿＿＿

　　　　　　　　　　　　　　　　　　　　　签订地点:＿＿＿＿＿＿＿＿＿＿＿＿

现乙方向甲方订购下列产品,具体要求如下:

坯布名称	坯布品种	原料成分	规格	数量	单价	金额
总金额						

1. 交货时间:请将上列货品于＿＿＿＿年＿＿＿＿月＿＿＿＿日之前交付。

2. 交货地点:请将货品交于＿＿＿＿＿＿＿＿＿＿＿＿＿＿＿＿＿＿＿。

3. 运输方式:货品运输采用＿＿＿＿＿＿方式,运输费用由＿＿＿＿＿＿方担负。

4. 产品质量要求:按＿＿＿＿＿＿＿进行验收或按质量要求进行验收。

5. 坯布包装方式:＿＿＿＿＿＿＿＿＿＿＿＿＿。

6. 保险:货品运输过程中需进行＿＿＿＿＿＿＿保险,保险费用由＿＿＿＿方负担。

7. 结算方式:对于此单订购,甲方预付＿＿＿＿%订金,余款待交货完毕后＿＿＿＿＿＿＿付予乙方,预付金额＿＿＿＿＿＿＿＿。

8. 违约责任:＿＿＿＿＿＿＿＿＿＿＿。

9. 仲裁:双方产生贸易纠纷时,依《合同法》进行裁决。

10. 未尽事宜,双方另行协商。

11. 备注:本合同一式两份,甲、乙双方各执一份。

甲方:　　　　　　　　　　　　　　　　　乙方:

地址:　　　　　　　　　　　　　　　　　地址:

电话:　　　　　　　　　　　　　　　　　电话:

传真:　　　　　　　　　　　　　　　　　传真:

E-mail:　　　　　　　　　　　　　　　　E-mail:

联系人:　　　　　　　　　　　　　　　　联系人:

甲方代表:(签字、盖合同章)　　　　　　乙方代表:(签字、盖合同章)

2. 非正式文本合同

非正式合同订单是指订单的格式不是正式的文本形式,通常是老客户通过传真、电子邮件或电话的方式,表达其订购或加工意向。采用非正式文本合同确定的订单,通常是在双方建立起长期合作基础上所采用的方式。一般情况下,客户的追加订单和老客户的紧急订单,常采用非正式文本合同方式下单。这类订单都简明扼要,内容简单,通常只说明品种、数量、交货期等内容,对于费用、单价等内容可以按照原合同执行。

对于客户使用非正式文本合同下订单的方式,为保证订单的正常生产运作,要求跟单员对客户以往的订单资料应进行完善的保存,以方便查询参考。对于非正式文本合同的订单,跟单员应注意及时将客户下单的资料进行整理。如有时客户也会用手写文本通过传真下单,当出现字迹不明时,跟单员应及时与客户联系沟通,落实客户所要表达的含义,避免产生误解而造成损

表3-2　坯布加工合同

甲方(供方)：＿＿＿＿＿＿＿＿＿　　合同(订单)编号：＿＿＿＿＿＿＿＿＿

乙方(需方)：＿＿＿＿＿＿＿＿＿　　签订时间：＿＿＿＿＿＿＿＿＿＿＿

　　　　　　　　　　　　　　　　签订地点：＿＿＿＿＿＿＿＿＿＿＿

现乙方委托甲方加工下列坯布,具体要求如下:

坯布名称	坯布品种	使用原料	坯布规格	加工数量	加工单价	金额
总金额						

1. 原料:乙方向甲方提供上述原料,并于＿＿＿＿年＿＿＿月＿＿＿日之前交付甲方。
2. 交付时间:请将加工产品于＿＿＿年＿＿＿月＿＿＿日之前交付给乙方。
3. 交货地点:请将货品交于＿＿＿＿＿＿＿＿＿＿＿＿＿＿＿＿＿。
4. 运输方式:货品运输采用＿＿＿＿＿＿方式,运输费用由＿＿＿＿＿＿方担负。
5. 产品质量要求:按＿＿＿＿＿＿进行验收或按质量要求进行验收。
6. 坯布包装方式:＿＿＿＿＿＿＿＿＿＿。
7. 保险:货品运输过程中需进行＿＿＿＿＿＿保险,保险费用由＿＿＿＿方负担。
8. 结算方式:对于此单订购,甲方预付＿＿＿＿%订金,余款待交货完毕后＿＿＿＿＿＿付予乙方,预付金额＿＿＿＿＿＿＿。
9. 违约责任:＿＿＿＿＿＿＿＿＿＿＿＿＿。
10. 仲裁:双方产生贸易纠纷时,依《合同法》进行裁决。
11. 未尽事宜,双方另行协商。
12. 备注:本合同一式两份,甲、乙双方各执一份。

甲方:　　　　　　　　　　　　乙方:
地址:　　　　　　　　　　　　地址:
电话:　　　　　　　　　　　　电话:
传真:　　　　　　　　　　　　传真:
E-mail:　　　　　　　　　　　E-mail:
联系人:　　　　　　　　　　　联系人:
甲方代表:(签字、盖合同章)　　乙方代表:(签字、盖合同章)

失。长期合作的客户或非常熟悉的客户,有时也采用电话下单的方式,通过电话交谈,确定购买意向。跟单员应及时与客户沟通,让客户补发书面确认。

二、订单评审内容

1. 附件

订单的附件通常是指织物样板以及组织图、花纹图、颜色样板、原料样板、质量标准等能够进一步说明订单要求的物品。对附件的审定要与订单的要求相结合,确定是否有错误或者是否全面,有疑问时要及时与客户沟通并落实。

2. 品种

订单要求的坯布品种有常规品种和特殊品种。通常是指坯布的组织与结构以及适用原料等方面的具体说明。

（1）特殊组织结构的坯布是否有能力生产，现有生产设备是否能够织造，如果企业本身无此类织机，是否有其他外协单位帮助完成。

（2）适用的原料是否容易购买，特殊原料品种是否需专门定制，定制原料的货期是否很长，是否超过订单要求的交货时间。

3. 价格

订单要求的交货价格是否合理，是否是双方达成的协议价格。对价格的评审要注意以下几方面。

（1）价格是否包括其他费用，如运输、包装、保险等费用，订单中是否对其他费用做出了明确规定。

（2）单价金额是否合理，是否影响企业的效益。

（3）总金额是否有计算错误，是否有不同品种、不同价格相互混淆的情况，如果有错误应及时通知客户更正并确认。

4. 质量

对订单要求的质量进行评价，是否有不合理的要求或无法达到的要求，需要注意以下两方面。

（1）特殊的质量要求是否有明确的规定或有参照的坯布样品。

（2）是否有超出常规的质量要求，或现有技术能力均无法达到的质量要求。遇此情况应及时与客户沟通并耐心作出解释，以使客户接受并更正不合理的要求。

5. 交货期

交货期应限定在合理的范围之内，应注意以下几方面。

（1）对常规品种的坯布产品，应核查是否有存货，这样可以实现尽快交货。

（2）大宗订单应采用分批交货的方式，在一定期限内完成，如果交货期限很短，在期限内根本无法完成订单时，应及时通知客户延期。

（3）特殊产品的交货期应适当延长。特别是对于使用特殊原料并需要试织的品种，应留有充分的试织时间。对需要特别定制的原料，要考虑纺纱时间，在扣除原料纺纱时间后是否有充分时间进行织造生产。

6. 其他条件

（1）交货地点要明确，客户需提供交货地点的地址、联系人、联系方式等资料，通常客户会将此类资料附在附件中。对于织造生产企业，交货地点通常是客户指定的仓库或染整加工企业。

（2）结算方式要在订单中明确规定，主要是指结算的币种和结算期限。通常内销单是以人民币结算，外销单以外币结算。使用外币结算时，要特别注意汇率问题，应对外币结算的汇率有明确的规定和说明，或在确定价格时互相达成协议，以免因汇率变动而产生纠纷。

（3）违约责任是指双方不能正确或完全履行合同条款时所应担负的责任，在订单中应明确规定违约责任，事先界定双方所应承担的责任。

（4）运输包装方式应在订单中明确规定，尤其注意对坯布包装是否需要采取特殊的防护措施,以免在运输和搬运过程中造成损失。

任务二　样品跟单

【任务导入】

　　＊＊纺织印染有限公司的跟单员分析完来自＊＊纺织品进出口有限公司的样品规格单后,组织工厂进行打样,在打样过程中应当注意哪些问题?一般样品跟单包括哪些内容?跟单员应当如何协调＊＊纺织品进出口有限公司和工厂之间的联系,从而保证打样工作顺利完成。

【知识要点】

　　订单评审结束后,由部门主管安排订单的实施,并指定跟单员跟进订单。对于织造生产企业未曾生产过的产品,需经过试织、送样、确认等过程才能进入正式的大货批量织造生产,对曾经生产过的产品,则可以直接进入正式的批量生产。

一、打样的目的

　　对于新产品、未曾生产过的产品和仿样生产的产品需要先打样,以此达到以下目的。

　　(1)通过研制、试织、开发的过程积累实践经验。

　　(2)探讨出切实可行的织造生产工艺,并能够在大批量生产时保证产品质量,提高生产效率。

　　(3)将试织复合订单要求的样品交予客户确认,经确认后的样品将成为大货检验的质量标准。

　　(4)通过试生产使自身技术储备增强,提高自身的开发能力和技术能力。

　　(5)通过打样提高企业的适应能力,满足多品种、小批量、快节奏的市场需要。

二、样品跟单工作流程

1. 提取订单信息

　　如果客户只提供了对面料的描述,或者只提供了面料样品而没有相关参数,就需要跟单员尽可能提取样品的信息,以避免大量的打样工作。在此过程中,跟单员需要与客户多次沟通,详细了解面料的要求。一般应注意以下几点。

　　(1)明确订单中所列出的织物品种、使用原料、组织结构、坯布规格、质量要求等内容,以便能够快速、准确地确定生产工艺,及时完成样品,并交予客户确认。

　　(2)对于订单中未列清楚的技术要求,要及时与客户沟通,确定客户要求。

　　(3)对于客户订单所附带的标准实物样品、组织结构图、花纹图案等技术资料,跟单员应在第一时间内交予生产技术部门,及时进行分析,为工艺设计打好基础。在技术资料传递过程中,跟单员要做好记录,并将完整的资料原件附在跟单档案中,作为原始资料进行保管,并做好标识。

(4)技术资料要完整,织物的组织图、花型图以及织物样品要有完整的组织循环。如果技术资料不完整,将无法进行工艺设计,甚至会导致织造的样品达不到客户要求。因此要求这类技术资料必须具有两个以上的组织循环,至少有一个完整的花型图案,并且有足够大的样品,能够分析出所需的技术信息。一般针织物、机织物坯布应至少有 15cm×15cm 的面积,而提花织物或色织物至少应包含一个完整花型图案循环。

2. 分析样品

分析样品可以进一步了解织物的技术参数,并依据这些参数进行织造工艺的设计,通常对样品进行以下几方面的分析。

(1)原料成分和混纺比分析。在客户的订单中,通常会列出织物的原料成分和规格,通过样品分析可以进一步得到确定,对多种原料混织的织物,要确定其各自的比例。一般分析纱线原料的方法有手感目测法、燃烧法、显微镜鉴别法、药品着色法、化学溶解法。首先仔细观察织物,辨别组成织物的纱线形态,然后从样品织物的边缘小心拆解出纱线进行观察,再将拆解出的纱线进行燃烧鉴别。在通过上述方法不能确定原料成分的情况下,如果具备条件可以采用其他方法或求助于专门的检验机构进行进一步分析。一般进一步分析的方法是在燃烧的基础上进行显微镜观察,然后再采用溶解法进行鉴别。通过上述一系列方法后就基本可以确定纱线原料的成分,对于混纺纱必须采用溶解法才能确定混纺比。

(2)纱线规格分析。纱线规格主要是指纱线的种类、捻向和粗细。一般首先从样品边缘拆解出一根纱线,观察其有无捻度,如果有捻度用手将其退捻,观察是单纱还是股线,是短纤纱、长丝还是新型纱线,然后再确定捻度、捻向和粗细。

纱线粗细的确定一般用对比法,取出原样的纱后,拉直和相近的已知粗细的纱比较,大部分纱线都是常用规格的。因此有经验的跟单员比较容易确定原纱的粗细,新入行的跟单员则可以将常用规格的纱线贴在纸上,标出对应的粗细规格,做成纱线表,以便于对比。也可以采用称重法测量纱线的线密度,即拆解出纱线后,截取一定长度称重,然后计算出纱线的线密度。

纱线捻向可以通过解捻法确定,即将拆解出的纱线用两手的拇指和食指捏住两端,右手的拇指向里捻动纱线,观察纱线的解捻情况。当纱线解捻,则表示为 S 捻纱,若纱线加捻,则表示 Z 捻纱。如果拆解出的纱线在极短的时间内有退捻现象,则是高捻度的纱线。

(3)织物规格分析。根据面料织造方法的不同,将织物分为机织物和针织物两类。机织物的规格主要包括经向和纬向密度、经纱和纬纱捻度、经纱和纬纱的织缩率、平方米克重和每米克重。针织物规格包括平方米克重、线圈密度、线圈长度(纱长)等内容。这些织物的规格可以通过一些常用的测量方法获得。

(4)织物组织分析。通过拆解或放大镜观察等方法,可以分析出织物的组织结构,以便确定织造工艺和织机类型。

(5)退浆处理分析。通常织造机织物需要对经纱进行上浆处理,客户提供了织物样品,如果是原坯织物,通常是未退浆的织物,应进行退浆处理后再进行分析,以便能够得出更加准确的技术参数。尤其是织物的克重和纱线的线密度,退浆与否得出的技术参数有一定的差距。

3. 工艺设计,计算用料

在充分了解订单的技术要求和对样品进行技术分析的基础上,依据分析得出的技术参数进行织造工艺设计。工艺设计通常由织造企业的生产技术部门完成,涉及许多方面的纺织专业知识。用料则是由生产技术部门根据订单的数量、织物组织结构、使用比例和损耗计算用量,交由跟单员进行原料订购。

织造工艺设计包括织物组织设计和上机工艺设计两部分,机织生产工艺单和针织生产工艺单见表3-3~表3-7。各企业的生产工艺单形式可能有所不同,但是其基本项目和内容区别不大。

表3-3　纬编针织生产工艺单

生产单号:
客户单号:
生产加工单位:

坯布名称							
使用原料							
坯布规格	克重		g/m²		幅宽	cm	英寸
成品规格	克重		g/m²		幅宽	cm	英寸
机　型	型号		筒径	cm	机号	G	路数　路
交货期限				交货地点			
原料用量	品种		kg(磅)			织损率(%)	
	品种		kg(磅)			织损率(%)	
计划生产数量		kg(磅)		实际生产数量			kg(磅)
交货记录	时间			数量	kg(磅)	地点	
	时间			数量	kg(磅)	地点	

编织图、三角排列图、穿纱图

花型意匠图	织物样品	备注:
		年　月　日

总工程师:　　　　生产技术主管:　　　　跟单员:

表3-4　经编针织生产工艺单

生产单号:
客户单号:
生产加工单位:

坯布名称			
机型		机速(r/min)	
机号		生产定额	
计划生产数量(m)		实际生产数量(m)	
交货期限		交货地点	

织 布 规 格				
幅宽(cm)	机上		成品	
纵密(横列/10mm)	机上		成品	
每匹布长(m)	机上		成品	
克重(g/m²)	机上		成品	

原 料 配 置				
梳栉 项目	L1	L2	L3	L4
原料名称				
原料规格				
穿纱方式				
对纱位置				
线圈长度				
送经比例				
经纱总位置数		经纱总根数		
工作总针数		定型幅宽参数(%)		
定长送经指示位置		牵拉卷曲变化齿轮(A/B)		
原料用量(%)	L1:	L2:	L3:	L4:

垫 纱 记 录	L1:			
	L2:			
	L3:			
	L4:			

垫纱记录:	织物样品:	备注:
		年 月 日

总工程师:	生产技术主管:	跟单员:

表 3-5 经编整经工艺单

生产单号:
客户单号:
生产加工单位:

坯布名称			
机型		机速(m/min)	
轴次		生产定额	

原 料 配 置				
梳栉 项目	L1	L2	L3	L4
原料名称				
原料规格				
盘头数				

续表

原料配置

项目　　　梳栉	L1	L2	L3	L4
每个盘头纱线根数				
每个盘头总位置数				
穿纱方式				
每匹布纱长(m)				
每个盘头总匹数(匹)				
每个盘头纱线总长(m)				
纱线张力(N)				

绕纱记录：	备注：
	年　　月　　日

总工程师：　　　　　生产技术主管：　　　　　跟单员：

表 3-6 机织生产工艺单

客户：
订单号：
生产单号：　　　　　　　　　　　　　　　　　　　年　　月　　日
坯布名称：

<table>
<tr><td rowspan="4">使用原料</td><td>原料名称与比例(%)</td><td>经纱</td><td></td><td>纬纱</td><td></td><td></td></tr>
<tr><td>纱线线密度(tex)</td><td>经纱</td><td></td><td>纬纱</td><td></td><td></td></tr>
<tr><td>捻系数与捻向</td><td>经纱</td><td></td><td>纬纱</td><td></td><td></td></tr>
<tr><td>标准干重(g/100m)</td><td>经纱</td><td></td><td>纬纱</td><td></td><td></td></tr>
<tr><td rowspan="16">织物规格</td><td rowspan="2">织物组织结构</td><td>地组织</td><td></td><td>平方米无浆干重</td><td colspan="2">g</td></tr>
<tr><td>边组织</td><td></td><td rowspan="3">织物紧度(%)</td><td>经向</td><td></td></tr>
<tr><td>幅宽</td><td>cm</td><td>纬向</td><td></td></tr>
<tr><td>匹长</td><td>m</td><td>总紧度</td><td></td></tr>
<tr><td>总经根数</td><td>根</td><td>经纱缩率</td><td colspan="2">%</td></tr>
<tr><td>其中边纱数</td><td>根</td><td>纬纱缩率</td><td colspan="2">%</td></tr>
<tr><td rowspan="2">密度(根/10cm)</td><td>经向</td><td></td><td>棉杂疵点格律</td><td colspan="2">%</td></tr>
<tr><td>纬向</td><td></td><td rowspan="3">用纱量(kg/100m)</td><td>经纱</td><td></td></tr>
<tr><td rowspan="2">单位面积断裂强力(N/5cm×20cm)</td><td>经向</td><td></td><td>纬纱</td><td></td></tr>
<tr><td>纬向</td><td></td><td>合计</td><td></td></tr>
<tr><td rowspan="8">穿经工艺</td><td>筘号</td><td></td><td rowspan="2">穿综顺序</td><td>地组织</td><td></td></tr>
<tr><td>筘幅</td><td>cm</td><td>边组织</td><td></td></tr>
<tr><td>钢筘</td><td>L×H</td><td>综框数(页数×列数)</td><td colspan="2"></td></tr>
<tr><td>综丝规格</td><td></td><td rowspan="2">每框穿入数</td><td>地组织</td><td></td></tr>
<tr><td>经停片规格</td><td>G×L</td><td>边组织</td><td></td></tr>
<tr><td rowspan="2">每筘穿入数(根)</td><td>地组织</td><td></td><td rowspan="2">经停片</td><td>列数</td><td></td></tr>
<tr><td>边组织</td><td></td><td>穿法</td><td></td></tr>
</table>

续表

织布上机工艺	织机类型			后页至六角杆距离		mm
	织机幅宽	mm		边撑位置		mm
	织机转数	r/min		托布架高度		mm
	标准牙×变换牙(齿数)			边撑形式		
	A×B×C×D(齿数)			张力重锤		只×kg
	投梭动程(mm)	开关侧		扭力(N)		
		换梭侧		开口形式		
	投梭时间(mm)	开关侧		加边位置形式		
		换梭侧		吊综轴位置		mm
	开口时间(mm)	地经		踏杆位置		档
		边经		开口动程		mm
	后梁位置(mm)	高低		落布匹数		匹
		前后		入纬数		m/min
	停经架位置(mm)	高低		机上布幅宽度		mm
		前后		平综综高		mm

总工程师：　　　　　　生产技术主管：　　　　　　跟单员：

表 3-7　机织整经、浆纱工艺单

客户：
订单号：
生产单号：　　　　　　　　　　　　　　　　　　　年　　　月　　　日
坯布名称：

整经工艺				浆纱工艺			
整经工艺	整经机型				浆纱机型		
	滚筒转速	r/min			机速(r/min)		
	经纱线速度	m/min			压浆辊形式		
	整经根数	根			第Ⅰ压浆辊压力(N)		
	合并轴数	个			第Ⅱ压浆辊压力	速度(r/min)	
	整经长度	m				低压	
	张力圈质量	g				高压	
	张力档	档			湿绞棒根数(根)		
	压力刻度				上浆率(%)		
					回潮率(%)		
调浆工艺	调浆成分			浆纱工艺	伸长率(%)		
					引纱辊压力(N)		
					退绕张力(N)		
					送经张力(N)		
					湿区张力(N)		
					干区张力(N)		
					卷绕张力(N)		
					压纱辊张力(N)		
					墨印长度(m)		
	浆液体积	cm³			墨印颜色		
	固体量	%			织轴轴幅(mm)		
	煮浆时间	h			每轴匹数(匹)		
	定浓温度	℃			每缸数量		
	浓度	°Bé			每缸总匹数(匹)		
	黏度	s			浆槽温度(℃)		
	酸碱度	pH 值			浆液黏度(s)		
	供浆温度	℃			后上蜡率(%)		

备注：

总工程师：　　　　　　生产技术主管：　　　　　　跟单员：

4. 试织样品,报送客户

经过订单分析、工艺设计等准备工作后,应以最快的时间试织出样品,报送客户。在这一过程中最重要的是时间和效率,因此应注意以下几点。

(1)原料采购。由技术部门提供所需原料的品种和数量,由跟单员实施原料的采购工作。通常,试织样品所需要的原料数量比较少,有时需要特殊品种的纱线。因此,在打样过程中如何使原料尽快到齐是跟进工作的重点。原料获取的方法如下。

① 查看库存:通常在库存中能够找到常规品种的纱线。库存表是在定期盘存后制作的统计资料,可以很方便地查找所需要的资料。

② 购买:对库存中没有的原料应及时在市场上购买。首先应与原料供应商联络,寻找所需要的纱线品种,所购买的纱线质量应符合要求。

③ 定制:在市场上无法买到的原料,需要专门定制。通常纺制纱线需要一定的时间,小批量专纺纱线所需的时间可能会更长些。因此,要及时与客户沟通,以书面报告的形式通知客户,争取延长交货时间,求得客户的谅解。

④ 原料运输:无论是购买还是定制专纺原料,均需要一定的运输时间,为了节省时间,提高效率,通常采取非常规的方式,尽快得到纱线。在运输距离近的情况下,可以直接上门取货,或请速递公司送货上门。运输距离较远时,可以采用空运或速递的方式,以节省时间。尽管这一方式的费用很高,但对于产品织造和样品尽快交付是十分必要的。

(2)上机织造。按已设计好的织造工艺进行织造。上机织造是否顺利与工艺设计的好坏有很大关系,通常在工艺设计时要充分考虑上机织造时可能遇到的问题。要事先做好预案,争取上机织造一步成功,试织出客户满意的产品。在这一过程中,跟单员要对试织样品的质量进行监控和了解,以便客户沟通时有充分的准备。

(3)样品的评审。样品试织完成后,应进行评审,包括内部评审和客户评审。

① 内部评审:指织造企业内部先对样品进行评定,看是否达到客户订单的要求。评审的主要内容是织物的组织结构、规格、原料、布面风格和织造工艺设计是否正确合理。评审通过则可以送客户确认,不合格则要重新设计工艺并重新试织。一般参与评审的人员为企业的总工程师、技术主管、生产主管和设备主管。在此过程中跟单员要做好详细的记录,填制评审记录单,作为样品是否报送客户的依据。样品评审单见表3-8。

表3-8 样品评审单

×××公司(织造厂)样品评审单

年 月 日

客户名称		订单号	
样品名称		样品编号	
评审项目	评审意见	评审结果	
织物组织结构			
织物规格			
原料			

纺织品外贸跟单

続表

布面风格			
织造工艺			
评审最终结果	□合格；□不合格		

备注：在此单中的□做标记，合格打√，不合格打×

总工程师：　　　　　　　技术主管：　　　　　　　跟单员：

② 客户评审：指将织物样品报送客户，由客户做出最终的确认。如果客户确认合格，应尽快组织批量生产。

样品的报送工作由跟单员完成。

(4) 样品报送。试织出的小样评审合格后，应尽快报送客户，跟单员要进行以下跟单工作。

① 样品采集：取样工作很重要，样品代表着企业技术和质量水平的高低，样品做得好，会增加客户的信心，以后的合作关系会更加稳固。因此，报送样品应达到下列要求。

a. 按坯布纵向至少 1m 长度，整幅剪取。如果需要进行染色试验，通常机织布需要 5~15m 的样品，针织布则需要 3~5kg。

b. 剪取坯布样品时，剪口要平直、整齐，布面干净、平整，不允许出现剪口歪斜不齐、布面有疵点和污渍等现象。

② 样品的包装。应将剪好的样品坯布整齐折叠成适当大小，包装要整齐、牢固、防水、防污。

③ 样品的标识：样品的标识很重要，如果同时送多个样品，标识一定要清楚、准确，容易区分。需要标识的内容应包括订单号、品名、客户名称、线密度、数量、颜色、规格、尺寸、克重等内容。可以用记号笔直接标注在样品的边角处，字迹要清楚、工整，易于辨认。通常情况下，应使用样品卡，将需要标识的内容填在样品卡内，并贴于样品的边角处。样品卡通常用不干胶印刷贴纸，方便填写，并粘贴牢固，样品卡不宜过大，一般为 12cm×10cm。样品卡的式样见表 3-9。

表 3-9　样品卡

×××公司(织造厂)

电　话		传真	
客　户			
单号(货号)			
品　种			
原　料			
规格(g/m²)		幅宽(m)	
颜　色		色号	
样品数量			
送样时间		年　　月　　日	
备　注			

④ 样品提交：样品准备好以后，要填制《样品递送单》，并与样品附在一起递送。《样品递送

单》应一式两份,跟单员应保留一份作为送样记录。填制好的《样品递送单》应在第一时间用传真或 E-mail 的形式通知客户,以使客户留意查收。样品可通过快递、邮寄、空运、直接送样等方式以最快的速度送交给客户。样品送样单可参考表 3-10。

表 3-10　样品递送单

×××公司(织造厂)

地址:　　　　　　　　　　　　　　　　邮编:

电话:　　　　　　传真:　　　　　　　　E-mail:

样品递送单

致:×××实业有限公司(客户名称)

兹于　　　年　　月　　日将下列样品递送予贵公司,请查收,并请回复!

订单号	样品名称	规格		颜色		数量	客户批复
		克重	幅宽	色名	色号		
备注							

填表人:　　　　　　　　递送人:　　　　　　　　　　年　　月　　日

(5)样品意见跟进。样品提供给客户后,跟单员需要积极和客户沟通,尽量让客户给出反馈意见,最好让客户给出对样品的具体意见。一般客户收到样品后会在一周内给出意见,其中包括对织物外观风格、织物规格及花型等方面的意见。如果客户对样品不满意,则会将具体意见反馈给跟单员,跟单员根据客户的意见安排第二次打样,直到客户满意。客户满意的样品称为确认样,确认样是进行大货生产的依据。

任务三　原料采购跟单

【任务导入】

在面料织造企业制作的样品得到客户确认后,跟单员应立即组织安排采购原材料。原材料采购的一般程序有哪些?原材料的采购价格、数量及时间怎样确定?在此阶段跟单员的主要工作是什么?

【知识要点】

原料采购是指织造生产企业根据订单中面料的要求及企业自身的情况,在国内或国外其他企业采购纱线的工作。原料采购可以是外贸公司采购完成送到生产企业进行加工,也可以由生产企业自主进行采购。原料采购通常由采购部门负责,跟单员进行联络跟进。

一、原料采购前的准备

1. 确定采购数量

生产企业需要根据生产合同中面料的数量计算所需各类纱线的用量,并仔细核查,保证无误。特别是对一些比较昂贵的纱线,如羊绒纱线,订购少了,则生产不出订单上的数量,订购多了,对生产企业则是一种浪费。

2. 清查库存

对经常使用的常规原料品种,生产企业一般都有一定的库存,有些老客户使用到去年的原料,生产企业有时也会有剩余库存。因此,原料采购前,跟单员应该提醒采购员清查库存,以便先利用库存原料,降低库存,节省资金。清查出与订单相适合的原料后需要检查。主要检查原料的规格是否与订单要求一致,如稍有出入,可以与客户协调是否能够使用。应检查原料生产日期,如某些原料存放时间较长,使用前需要质量部门重新检验,检验合格后方可使用。

3. 了解原料市场

织造业中一个迅速发展的趋势就是使供应商转变为合作伙伴。不是采用十几家供应商并使他们相互竞争来获得公司的生意,而是生产企业需要选择稳定的原料供应商,以便提高工作效率和质量。跟单员应经常与这几家稳定的供应商保持联系,及时了解原料市场的变化,准确掌握原料的价格,以便于采购。

二、原料采购跟单流程

1. 采购申请

采购员或跟单员根据生产合同和企业库存情况确定需要订购的原料数量后,填写《采购申请单》或草拟订购合同,交给部门主管审核。申请单一般包括采购原料的名称、数量、单价、总价、入库时间等内容。采购原材料、辅料申请单的样式见表3-11。

表3-11 采购原材料、辅料申请单

采购部门		采购日期	___年_月__日		需要日期	___年_月__日	
织造单号		采购编号			承办人		
序号	商品名称	商品代号	型号规格	数量	单价	入库时间	总价	使用时间
预算金额:			总价合计					

一、采购原因简述:_____
二、供货厂家名称、地址或电话:1._____ 2._____ 3._____
三、以前曾有类似的采购? □否 □是 (请写采购编号_____)
四、是否需要指定品牌? □否 □是 理由如下:_____
五、需要维护服务? □否 □是
六、交货地点:_____
七、质量要求:_____
八、验收时间须超过7天以上? □否 □是
九、资金准备:□有 □无 □不足,缺少_____元
十、审核批准签字:

申请部门领导签字		复核人签字	
财务部负责人签字		批准人签字	

2. 采购审核

部门主管需要对采购申请单进行详细审查,主要审核采购原料的品种是否正确,采购价格是否合理,采购量是否合适。审核通过后,就可以发出采购单或采购合同。采购单样式见表3-12。

表3-12　采购单

采购单编号:＿＿＿＿＿＿＿

＿＿＿＿年＿＿月＿＿日

供应商:＿＿＿＿＿＿＿＿＿＿＿＿＿公司

请供应以下产品:

型号	品名	规格	单位	数量	单价	金额	备注
合计		＿＿万	＿＿仟	＿＿佰	＿＿拾	＿＿元	＿＿角　＿＿分

1. 交货日期:□＿＿＿＿年＿＿＿＿月＿＿＿＿日以前一次交清。
　　　　　　□分批交货,交货时间＿＿＿＿＿＿＿＿,数量要求:＿＿＿＿＿＿＿＿＿＿。
2. 交货地点:＿＿＿＿＿＿＿＿＿＿＿＿＿＿＿＿＿
3. 包装条件:＿＿＿＿＿＿＿＿＿＿＿＿＿＿＿＿＿
4. 付款方式:货到交货地,经我公司验收合格后,立即付款。
5. 不合格产品处理:全部或一部分不合格时,应由卖方取回调换或退款。
6. 如因交货误期、规格不符、质量不符合要求造成本公司的损失,卖方负赔偿责任。
7. 如卖方未能按期交货,逾期＿＿＿＿＿＿天时,本公司有权自行取消采购单或对卖方罚款＿＿＿＿＿＿元/天。卖方必须赔偿本公司因此蒙受的一切损失。
8. 其他:＿＿＿＿＿＿＿＿＿＿＿＿＿＿＿＿＿＿＿＿＿＿＿
9. 开户行:＿＿＿＿＿＿＿＿＿＿＿;账号:＿＿＿＿＿＿＿＿＿＿＿＿
地址:＿＿＿＿＿＿＿＿＿＿＿联系电话:＿＿＿＿＿＿＿＿＿传真:＿＿＿＿＿＿＿＿
联系人:＿＿＿＿＿＿＿＿＿

采购单位:××有限公司(盖章)

供应商确认人签字并盖公章:＿＿＿＿＿＿＿＿＿＿＿(盖章)
＿＿＿＿年＿＿月＿＿日

3. 采购单发出

企业的原料采购单,常用于长期合作的供应商。因双方经长期往来合作,已形成采购与供应的固定交易模式。向新发展的供应商采购时,由于双方初次合作,一般需要做一个采购合同,明确一系列交易行为,在初次合作成功后,一般多转用采购单这种简单、快捷的形式。采购单主要内容有原料名称、确认的价格及付款条件、确认的质量标准、确认的采购量、确认的交货地点等内容。采购单是原料采购跟单的重要依据之一,是双方交货、验收、付款的依据。采购单的内容特别侧重交易条件、交货日期、运输方式、单价、付款方式等内容。另外,在采购单的背面,大多会有附加条款,也构成采购单的一部分。

4. 采购跟进

采购跟进又可以称为采购控制,一般对于那些长期合作、信誉良好的供应商,可以不用采购跟进。对于那些常规品种的原料也可以不进行采购跟进。但对于那些市场上无法购买到、需要专门进行定制的纱线或者坯布品种,跟单员需要进行跟进。跟单员需要跟进的内容包括确认原料的交货日期及在什么条件下交货;确认原料生产过程中的信息;确认原料的质量,如纺纱原料的批次不同、纺纱机器参数设置不同都会造成纱线质量的不一样,因此需要确认纱线的质量;最后还需要核实原料的交付价格是否与订单上的价格一致。

这些跟进内容可以用来评价供应商,确定供应商是否有问题,并对将来选择供应商提供指导。对供应商也可以根据其交货速度、质量可靠性和竞争能力等因素作出评价,以为今后作指导。

5. 原料验收

纱线品质直接影响成品面料的品质,因此原料的验收很重要。纱线验收主要检查纱线的条干均匀度、接头、纱线中的杂质含量等方面。其中,纱线的条干均匀度和接头会影响成品面料的疵点,而纱线中的杂质含量高,会影响到织造质量,形成面料疵点。应对订购回来的原料进行验收,对有严重缺陷的原料,跟单员应立即要求供应商换货;对于有一般缺陷的原料,跟单员也要与有关人员协商处理,以免最终影响成品面料的品质。验收通过的原料可以直接入库。

6. 原料入库

填写原料入库单,清点原料数量,并将原料搬运入库。入库单的内容一般包括供应商、品种、成分、批次、数量、入库时间及存放地点等内容。原料入库单的样式见表3-13。

表3-13 原料入库单

编号:　　　　　　　年　月　日　　　　　　　存放地点:

品名	规格	数量	单价	金额	批号	产地	供应商

合计(大写):

主管:　　　　　会计:　　　　　保管:　　　　　跟单员:

任务四　生产进度跟单

【任务导入】

面料织造企业的跟单员应如何安排制订生产进度计划?在大货生产过程中如何跟进生产进度?生产进度的一般控制和管理方法有哪些?

【知识要点】

生产进度跟单主要是使订单生产按计划设定的时间推进,确保企业的生产进度符合订单的交货期。生产进度跟单的基本要求是使企业按订单要求及时交货,尽量做到不提前交货,也不延迟交货。

一、生产计划的制定

制订生产计划是订单实施过程中的关键,通常由上级主管根据客户订单数量、质量、交货期的要求来制定,由跟单员具体操作实施。生产计划通常有两种,即生产总计划和每个订单的生产计划。

1. 生产总计划

生产总计划由部门主管根据订单的情况进行编制。编制总计划时要充分考虑所有订单的情况,既要相互兼顾,又要保证每个订单的交货时间,根据织造企业本身的生产能力统筹安排。还可以考虑通过其他织造厂的协作共同完成订单。通常的原则是订单数量小、货期紧急的要优先安排,订单数量大且交货期长的可以稍后安排,订单数量大且交货期短的可以将其中的部分产品交由协作厂家生产,即所谓外发加工,以保证订单在要求的交货期内足量交货。

外发加工是企业在限定的时间内无法完成产量时所采用的办法。外发加工通常会增加成本,一般情况下,应在充分发挥本企业生产能力的条件下,尽量减少外发加工的数量。生产总计划的安排要统筹兼顾,考虑全局,既要满足客户需求,又要使本企业的生产正常进行。生产总计划表可参考表3-14。通常,制订生产计划应考虑的因素有以下几方面。

表3-14 _____年___月生产总计划表

客户	单号	品种	数量	交货期	本企业生产量	外发加工			跟单员
						加工厂家	数量	交货期	

备注:

总经理: 生产主管: 填表: 年 月 日

(1)交货期:由于服装具有明显的季节性,所以面料的交货期也具有季节性的特点,这使得大部分客户的交货期集中在1~2个月。生产企业的生产也明显地分为忙季和闲季。但不同客户、不同类型的面料仍然存在交货期的差别,那些交期较短、交货时间比较紧急的订单应该优先安排生产。

(2)客户分类:一般情况下,生产企业都会将客户进行分类,可以简单区分为重点客户和一般客户,那些一线品牌公司,每年的订单量往往很大,企业需要重点维护,所以其生产排程也应受到重视。

(3)产能平衡:充分考虑到企业的生产能力,特别是某些工序的生产负荷,要保证各生产线生产顺畅,各工序之间衔接顺利。

(4)前期生产记录:根据以往的情况,保留适当的时间空余,以利于紧急订单使用。

计划表应一式几份,根据企业的实际情况分别送交有关人员和有关部门,如总经理、生产主管、财务部门、跟单员等。生产总计划表一经排定,不得轻易更改,否则会打乱整个生产安排,容易造成差错或损失。对于临时增加的订单,在条件允许的情况下,可以做出及时适当的调整,这样既可以使企业保证客源,又可使生产正常进行。

2. 订单计划

每一订单的生产计划由跟单员根据总计划表的要求自行制订。订单计划要明确、清晰,既可保证订单的顺利实施,又使跟单工作方便有序,可操作性强。制订订单计划可以采用订单计划表的形式,以方便查阅。订单计划表通常包含订单号、品种、使用原料、产品规格、加工费用、原料损耗、原料用量和交货期限等内容。订单生产计划表可参考表3-15。

表3-15 订单生产计划表

客户:			
订单号:			年　月　日
品种			
产品规格			
使用原料		损耗率(%)	
订货数量		交货期	
加工费			
生产单位	生产数量	调拨原料数量	生产时间安排
	备注:		

主管:　　　　　　制单:　　　　　　跟单员:

二、生产计划的安排

制订生产计划后,应立即将计划安排给生产部门或加工厂家,在这一过程中,跟单员应做好以下工作。

1. 与加工单位或加工厂家联络,确认生产计划是否得当

(1)确认计划表的内容是否清楚明白,有疑问时要及时解释清楚或调整。

(2)确认正式投产时间以及在要求的交货期内是否可以完成。

(3)确认原料运输、送交、提取等环节的操作,安排运输工具及交接方式。

(4)确定交货方式及时间,如分批交货、一次性交货,每次交货的时间安排等。

(5)记录好生产计划的安排结果并以此作为操作依据,并呈报上级主管。

2. 外发加工

对于外发加工方式,应建立有效的联系与沟通渠道,建立外发加工厂家的资料档案。通常营销部门或上级主管都会有这些资料。可以用《外协单位登记表》的方式建立外发加工厂商的资料档案。通常,登记表的内容除了正常的联系方式之外,还应该有外协单位较详细的介绍,如规模、生产能力、机台表等内容。《外协单位登记表》见表 3-16。

表 3-16 外协单位登记表

登记时间			资料编号	
名称 (中、英文)				
地址			邮政编码	
电话		传真	E-mail	
联系人		电话	手机	
基本情况简介				
备注				

机台表

织机种类	型号	产地	工作幅宽(筒径)	数量	织机配置	可生产布种

备注:

三、生产计划的实施

根据订单计划安排,具体实施订单的生产。生产计划的实施就是保质、保量按期将客户订单要求的产品生产出来并交付客户。在这一过程中需进行通知生产、原料调拨及出库、工艺上机和正式投产四项工作。跟单员要具体实施和操作前两项工作,后两项工作通常由生产单位具体实施和操作,跟单员应及时跟进,以使订单的实施顺利进行。

1. 通知生产

通知生产是订单实施的第一步,应在充分准备的条件下实行,应以正式文件的形式通知生产企业(本企业或外协加工企业)进行生产,下发《生产通知单》。《生产通知单》应包括生产单号、订单号、生产加工单位名称、坯布名称、使用原料、坯布规格、交货时间、交货地点和质量要求等内容。开出《生产通知单》后,应递交到生产部门,对于距离较远的生产单位可先以传真或 E-mail 的方式传递给生产单位,可以先生产,然后再补齐正式文本。《生产通知单》的附件尤其重要,应随通知单一同送达生产单位,附件应包括客户提供的样品坯布、坯布组织图和花型图、客户有特殊质量或工艺要求的资料和原料提货单等。《生产通知单》的格式可参考表 3-17 和表 3-18。

2. 原料调拨及出库

原料调拨是指将织造生产所需的原料调至生产单位。织造生产的原料调配要随通知生产同步进行。应进行下列工作。

(1)检查原料库存,了解原料的库存情况以及所订购原料的到货情况,统筹安排原料的使用。

表3-17 针织坯布生产通知单

生产单号：
客户单号：
生产加工单位：　　　　　　　　　　　　　　　　　　　　　年　　月　　日

坯布名称							
使用原料							
坯布规格		g/m²		幅宽		cm	英寸
成品规格		g/m²		幅宽		cm	英寸
机 型		筒径	cm	机号	G	路数	路
计划生产数量		kg(磅)		实际生产数量			kg(磅)
原料用量	品种		kg(磅)		织损率		%
	品种		kg(磅)		织损率		%
	品种		kg(磅)		织损率		%
	品种		kg(磅)		织损率		%
交货期限				交货地点			
交货记录	时间			数量	kg(磅)	地点	
	时间			数量	kg(磅)	地点	
	时间			数量	kg(磅)	地点	
	时间			数量	kg(磅)	地点	

备注：生产工艺见工艺单。

主管：　　　　　　　　　制单：　　　　　　　　　跟单员：

表3-18 机织坯布生产通知单

生产单号：
客户单号：
生产加工单位：　　　　　　　　　　　　　　　　　　　　　年　　月　　日

坯布名称							
使用原料							
规格		平方米克重	g/m²	每米克重	g/m	匹长	m/匹
		总经根数	根	幅宽		cm	英寸
机型		型号		幅宽		综框数(页×列)	
计划生产数量		m		实际生产数量		m	
原料用量	品种		kg(磅)		织损率		%
	品种		kg(磅)		织损率		%
	品种		kg(磅)		织损率		%
	品种		kg(磅)		织损率		%

续表

交货期限				交货地点	
交货记录	时间		数量	m	地点
	时间		数量	m	地点
	时间		数量	m	地点
	时间		数量	m	地点

备注:生产工艺见工艺单。

主管:　　　　　　　　　制单:　　　　　　　　跟单员:

(2)开具原料使用调拨单和提货单。

《原料调拨单》是企业内部原料调拨和财务结算使用的凭证,是管理工作必须的文件资料。《原料调拨单》的作用是使原料的周转和使用有一个明确的记录,方便财务部门的核算。《原料提货单》是织造生产单位的原料提取凭证,也是原料使用和结算的记录文件。原料使用单位凭提货单到原料库提取原料,投入织造生产。原料调拨单应包括原料的品种、规格、数量、批号、订单号、价格、金额和使用单位等内容。原料调拨单的形式可参考表3-19。

表3-19　原料调拨单

客户:　　　　　　　　　　　　　　　　开单时间:
订单号:　　　　　　　　　　　　　　　编号:
使用单位:

品种	规格	数量	单价	金额	批号	存放地

合计金额(大写):

备注:

主管:　　　　　　开单:　　　　　　　跟单员:　　　　　　保管:

《原料调拨单》应一式几份,递交有关人员,如财务部门、跟单员、仓库等。原料仓库是原料调拨的执行部门。《原料调拨单》是文本形式的通知单,正式通知仓库发放原料,仓库将其作为原料出库的凭证。《原料提货单》应包括提货单位、品种、规格、数量、生产单号、提货单号、联系人及联系方式。《原料提货单》的形式可参考表3-20。《原料提货单》应一式几份,分别递交有关人员,如提货员、跟单员等。提货时交仓库管理员。

(3)组织原料出库。原料出库工作由原料仓库管理员具体操作完成。仓库管理员凭《原料调拨单》及使用单位的提货单,开具《原料出库单》,并由使用单位签收确认,作为原料出库的凭证。原料出库后,应将提货单位签收的《原料出库单》回执交给跟单员及财务部门。《原料出库单》应包括原料品种、规格、数量、批号、使用单位、生产单号。《原料出库单》的形式可参考表3-21。

表3-20　原料提货单

提货单位:　　　　　　　　　　　　　开单时间:
生产单号:　　　　　　　　　　　　　编　号:
提货地点:

原料品种	规　格	数　量	批　号

提货地点		电话		联系人	

主管:　　　　　　　　　　开单:　　　　　　　　　　跟单员:

表3-21　原料出库单

使用单位:　　　　　　　　　　　　　开单时间:
生产单号:　　　　　　　　　　　　　编　号:

原料品种	规　格	数　量	批　号

备注:	签收:

仓库管理员:　　　　　　　　　　　　　开单:

(4)安排原料运输。原料调拨工作完成后,跟单员应安排原料转运工作,包括运输方式、提取时间等内容。

① 联系原料使用单位,确定运输方式及时间。

② 通知仓库,做好原料出库准备,通知时应告知仓库提货单位、提货方式、提货时间等有关情况。

③ 外发加工时,可以通知加工厂自行提货或将原料送达外发加工厂。应事先与外发加工厂联系,确定好原料的运输方式。如有必要,应及时联系货运公司,确保原料运转正常、及时。

3. 工艺上机

生产单位制定生产工艺并安排上机生产。

4. 正式投产

工艺上机的设备调试完毕后进行织造生产。

四、生产跟进

生产跟进是织造生产过程中跟单员的重点工作。生产跟进的目的是使订单生产过程有序,资料清楚,了解和掌握生产进程,使主管人员及时了解订单的运作情况,更加便于与客户沟通。

在订单实施过程中,生产单位(或加工企业)应依据生产通知单进行合理的安排,跟单员参与到这一过程中,能够更主动地了解和掌握生产进程,使跟单员与生产单位之间(或加工单位)的配合更加有序和默契。跟单员要做好下列几项工作。

1. 了解和跟进投产时间

下发《生产通知单》后,生产单位通常有一个生产准备过程,从原料到位,纱线的整理、整经、浆纱,工艺上机等工作,都需要一定的时间。跟进投产就是要了解和督促,使企业提高效率,以保证坯布织造生产有充足的时间。

2. 工艺上机及投产

工艺上机及投产过程通常由生产单位组织实施,由技术人员制定生产工艺,生产管理及技术操作人员进行设备的调试、试织、小样检验等过程。确认达到订单要求后,将订单交生产运转部门(生产小组、挡车工等)进行织造生产。

工艺上机需要制定《生产工艺单》,其格式及内容可以参考表 3-3～表 3-6。各种生产工艺单需由生产部门交跟单员一份,将其作为此张订单的工艺资料,使企业在重复生产同一坯布产品时提高效率,还可增加企业的技术储备和应变能力。

3. 生产过程进度的跟进

跟单员应定期了解生产的进度。进度跟进主要是产量的跟进,应掌握和更新下列内容。

(1)开机数量:该订单投入生产的生产设备数量。

(2)单机产量:平均单台设备日生产量。

(3)当日的总产量:该订单当天的总生产量。

(4)累计产量。

(5)预计完成时间。

应要求生产单位配合,定时报出有关数据,以便随时掌握订单的完成情况。应建立订单生产进度记录,方便跟进。生产进度跟进可以用表格的方式进行,使各个订单的生产进度一目了然,使跟单员更加条理有序。生产进度表可参考表 3-22。

表3-22　坯布生产进度表

订单编号:　　　　　　　　　　　　生产单号:

生产单位:

品　　种			规　　格		
投产时间		交货期限		机台数量	
机台规格及型号		机台编号			
订单数量		原料投入量			
生产进度统计					
日　　期	当日产量	累计产量	日　　期	当日产量	累计产量

续表

交货记录				
日　期	交货数量	累计交货数量	交货地点	备　注

制单：

任务五　质量监控

【任务导入】

某面料织造企业的跟单员在大货生产过程中发现生产出来的面料质量有问题,此时该跟单员应如何处理？一般机织面料的质量问题主要有哪些？如何避免？

【知识要点】

产品质量的好坏直接关系到企业的形象和信誉,更会影响到产品交付。在织造企业中,通常控制产品质量的重点是指坯布的外观质量,即坯布的疵点状况。质量监控就是要定期对生产出来的坯布进行检验,并且要填写检验报告,使跟单员了解坯布的质量以及出现的问题,并可作为下次检验时是否有改进的凭证,也可以起到督促生产单位改进质量的作用。质量监控的跟单操作有以下内容。

一、投产时的质量检验

投产时各个织机的运转状态及质量情况是否良好应及时做出评估。跟单员应及时对各机台生产出的坯布进行抽验。每台织机生产的产品至少抽验3匹,并作详细记录。初次抽样时应与生产单位的检验人员进行沟通,尤其是对质量标准的把握要统一,避免对检验标准的理解产生误差。与生产单位的检验员共同验布,分别做记录并进行验后核对,以发现产生误差的原因,并统一意见。掌握各机台的质量,避免同一订单、同一品种、不同机台生产出的坯布规格、质量存在差异,如有问题应及时改进。

二、定期抽查

在织造生产过程中,应定期对织造好的坯布进行抽验,通常每天进行一次抽验,每台织机抽验1~2匹坯布,跟踪产品质量,避免产生质量波动。检验时还应随机抽取生产单位已检验过的坯布,进行复验,将复验结果与生产单位的检验记录进行核对,检查是否有漏验、错验甚至未检验的现象,发现问题及时向生产主管反映,并责令改进。查看生产单位的验布结果,了解合格产品及各个等级产品的质量分布情况及是否有质量波动现象,个别机台是否有不符合质量要求的情况,并及时处理和改进。

质量检验统计及报告可采用《验布报告表》的形式进行汇总统计,见表3-23。

表 3-23 验布报告表

订单号：   验布日期：
客　户：   布类品种：
生产单号：
规　格：
花型颜色：   色　号：   缸号：

布　号					
质量/长度					
疵点项目	疵　点　记　录				
飞　花					
烂　边					
坏　针					
破　洞					
漏　针					
断　纱					
针　路					
纱节、粗节					
粗细纱					
接头、钩纱					
错　花					
异型纤维					
染　花					
折　痕					
水渍、污渍					
油　渍					
色　点					
纹　斜					
平方米克重					
幅　宽					
花型尺寸					
手　感					
棉　结					
毛头、毛粒					
评语					

备注：

品质控制主管：   检验人：   复验：   跟单员：

任务六　坯布产品验收、交付的跟单工作

【任务导入】

坯布生产结束后面料织造企业的跟单员应完成哪些工作？如何联系客户？如何与客户进行交付结算？

【知识要点】

验收和交付是跟单工作的最后阶段，也标志着订单的完成。在这一过程中，跟单员一定要认真仔细，单据和统计数据要准确、清晰，不得出现错漏，否则会造成不必要的损失。

一、验收、入库工作

对生产完毕的坯布进行验收，并做好统计记录。填制入库单证，核对生产数量。

1. 质量验收

质量验收是跟单员最后一次对订单产品的质量进行抽验，通常应抽验总生产数量的20%，这一比例可以将前期的抽验数量合并计算。如果未达到这一比例，应在最后验收时抽验足够数量的坯布，以确认坯布的质量状况。

2. 统计核查

清点数量，统计产量，坯布数量统计单应由生产单位提供，跟单员按统计单的资料清点核对。通常要核对总匹数，并抽验坯布的重量或长度，与统计资料核对，发现不符现象要及时纠正并重新复查。这其中要注意一个问题，即针织坯布是以质量为计量单位，而坯布的质量与回潮率有较大关系，回潮率不同，其质量会有少许变化，因此坯布放置的时间不同，质量可能会有差异，如果差异在1%以内，应属正常。

3. 入库

验收完毕后，应办理入库手续，开具入库单，并将坯布数量统计单附在一起，进行存档，并递交有关部门，如财务部、仓库管理等部门。《坯布入库单》和《坯布数量统计单》的格式见表3-24和表3-25。

表3-24　坯布入库单

订单号：　　　　　　　　　　　　　入库时间：
生产单位：　　　　　　　　　　　　编号：

品种	规格	数量			存放地点
		匹数	质量	长度	
合计					

开单：　　　　　　　　跟单员：　　　　　　　　仓库管理员：

表3-25 坯布数量统计单

编号:

生产单位: 日期: 年   月   日
订单号: 生产单号:
坯布品种:
规格:

布号	质量(长度)	布号	质量(长度)	布号	质量(长度)

合计:共_____匹   质量:_____kg   长度:_____m

制单: 跟单员: 仓库管理员:

二、产品交付

产品交付是坯布生产的最后一道手续,确认产品数量和质量符合客户要求后,应将产品交付客户。在交付过程中,跟单工作有下列几点。

1. 交付准备

交付前需要准备必要的交付文件或资料,核对订单的要求与所要交付的产品是否相符,联系运输工具并及时通知客户。

(1)核对订单:应再次核对客户的订单要求,检查所要交付的坯布是否符合订单要求。核查内容包括订单号和生产号、坯布产品的数量、产品的质量、产品的名称、产品的品种、产品的规格、交货时间、交货地点和包装运输的要求。

(2)准备交付文件:交付时需要准备必要的文件,包括《坯布出库单》、《坯布交货单》和发票。《坯布出库单》是企业内部进行结算和通知仓库的一种凭证,是仓库管理所必需的程序。交付坯布需要经主管人员批准并备案。仓库管理员依据《坯布出库单》进行货品的装运。《坯布出库单》的格式可参考表3-26。

表3-26 坯布出库单

客户: 出库时间:
订单号: 编号:
提货单位:

品种	规格	数量			存货地点
		匹数	质量	长度	

合计:

备注:

主管: 开单员: 跟单员: 仓库管理员:

《坯布交货单》是交付坯布的详细资料,《坯布交货单》的统计要准确无误,数据正确,开具后由核对人员核对,确保无差错。《坯布交货单》是货物转运的凭证,货品交付后应收回客户签收的回执,以此作为客户的收货依据。《坯布交货单》的内容和格式可参考表3-27。

表3-27　坯布交货单

编号:

客　户:　　　　　　　　　　交货时间:
订单号:　　　　　　　　　　交货地点:
坯布品种:　　　　　　　　　规　　格:
提货单位:

布号	质量(长度)	布号	质量(长度)	布号	质量(长度)

备注:　　　　　　　　提货人签章:　　　　　　　客户签章:

　　　　　　　　　　　　　　　　年　月　日　　　　　　　　年　月　日

制单:　　　　　　　审核:　　　　　　　跟单员:

(3)交付方式:交付坯布通常有一次性交付和分批交付两种方式,应根据客户的要求交货。一次性交付是指将订单全部完成后,一次性将坯布产品全部交付客户,通常用于批量较小的订单。一般大批量或多品种的订单采用分批交付,通常客户会安排具体的交付顺序和时间。

坯布属于纺织服装的初级产品,需要经过染整印花加工后,才能用于服装的生产。当订单的批量较大、品种较多时,客户会要求先交付一部分坯布,在坯布织造的同时,可以进行坯布的染整加工,以利于争取更多的时间用于服装生产。对于品种较多的订单,客户通常会预先安排好每一品种的交货次序,进行分批交付。

2. 通知客户

交付前的准备工作完毕后,应及时通知客户,将需要交付坯布的资料告知客户,以便客户做好接收准备。应以书面形式通知客户所交付产品的品种、规格、数量、订单号、运输方式、运输时间、运输单位等有关内容。

3. 结算

结算是交易双方最关注的问题,通常会在签订合同时做出具体的规定。跟单员应根据订单约定的结算方式,开出正式的《结算通知单》,连同发票一同交给客户,以方便货款的结算。《结算通知单》应包括订单号、坯布品种、规格、数量、单价、金额等内容,使客户明确,方便核算。结算方式通常有货到付款、款到交货、定期结算等方式。对于长期稳定的客户,定期结算方式应用较多。当供需双方建立起良好的信誉和合作关系时,通常会采用定期结算方式。

结算通知是跟单员工作中较关键的环节,要及时、准确,绝不允许出现计算错误。《结算通知单》一般由跟单员起草,经主管或财务部门核准后将正式文本递交客户。《结算通知单》是一种催办结算的工具,也是使跟单员工作更加有序的方法,其形式可参考表3-28。

表 3-28　结算通知单

客户名称：　　　　　　　　　　　　日期：

订单(合同)号：　　　　　　　　　　编号：

兹于_____年____月____日将下列坯布交付贵公司,请于_____日之内将下述货款(加工费)付回。

品　种	规　格	数　量	单　价	金　额
合计数量				
合计金额(大写)				

备注：	(本企业名称及财务结算签章)
	年　　月　　日

主管：　　　　　　　开单：　　　　　　　　　　跟单员：

项目四　纺织品染整跟单

【项目导入】

为了更好地控制纺织品在印染企业内的染整加工,及时准确地交流产品加工要求,控制产品的加工进度,贸易公司都会向印染厂派出跟单员。染整跟单员重点是控制生产进度和生产质量,保证订单及时、保质、保量地完成。

任务一　纺织品染整跟单流程

【任务导入】

作为一个刚入行的新人,王某某接触到染整跟单,染整跟单主要做什么工作,工作的基本流程是什么样的?

【知识要点】

纺织品贸易包括国际贸易和国内贸易,纺织品国际贸易中,每笔交易都是按"单"结算的,而贸易加工的控制过程叫做"跟单"。一般把控制纺织厂加工质量和生产过程的人员称为"纺织跟单员",把控制印染厂加工质量和生产过程的人员称为"染整跟单员"。染整跟单员与纺织跟单员不同,主要工作是在印染厂完成的。染整跟单员主要工作有信息交流和交货期控制两方面。

信息交流是指贸易公司必须通过跟单员把所有关于纺织品染整加工的要求全面地告诉印染厂,作为印染厂控制产品加工质量的依据。而在纺织品染整加工过程中,总会出现这样或那样的问题,比如色差问题、手感问题、匹长问题等,都需要跟单员及时向贸易公司汇报,以期得到公司新的指示,适当调整纺织品在后续加工中的控制重点。

交货期控制是在外贸纺织品染整加工过程中,对纺织品加工方进行的关于交货期限的督促工作,严格保证交货期,是扩大业务加工量的前提。

染整跟单的基本流程是染整跟单员工作的主要内容,对于生产质量控制及交货期控制,与跟单流程有关,主要有以下 10 个方面。

一、坯布入库

根据订单数量,策划坯布数量。进仓时点清匹数,查验坯布码单,分清批号,统计总米数,向印染厂仓库管理员索要坯布入库单。

染整跟单员必须做到五查看。

1. 查看坯布堆放高度

坯布堆放高度过高,若堆放时间过长,底层坯布受压变形,容易造成坯布退卷困难,并形成织物内应力,影响织物前处理。

2. 查看仓库防雨防晒效果

若仓库防雨防晒效果不好,容易使织物淋雨或曝晒,造成坯布发霉或氨纶断裂,使织物无法进行正常的染整加工。

3. 查看坯布堆放处地面铺垫情况

若坯布直接堆放在地面上,容易受潮或遭受老鼠嗑咬。有些化纤产品虽不怕受潮,但沾污过多泥迹,容易影响浅色织物布面的清洁程度。

4. 查看坯布堆放处周围有无相同或类似坯布堆放

若有相同或类似坯布堆放,容易因布堆坍塌造成混批,易导致坯布备缸时拿错坯布。

5. 查看坯布堆放标识

用在小黑板、坯布上写粉笔字或其他方法给不同客户或不同批号的坯布做出明显记号,以示区别,避免混淆。

二、点色排缸

凭坯布入库单到生产管理部门安排生产计划,提出明确的质量要求,把每种颜色的加工数量明确地通知印染厂的生产管理部门,这一过程叫做点色。生产管理部门的值班人员根据客户来样的颜色特点和印染厂的设备特点安排生产计划,这个过程叫做排缸。点色排缸是纺织染整加工的开端。

三、颜色控制

确认技术部门小样染色的颜色准确性,检验生产车间的颜色准确性,确认色差和不合格产品,提出回修建议,并检验回收产品的颜色,这些工作是染整跟单员颜色控制的主要任务。

四、米数控制

核对每种颜色的成品入库数量,及时补充不足部分。

五、手感与弹性控制

根据客户确认的手感样,与染厂技术主管交流,向其请教和确认影响手感的主要工序和主要参数,把足够大的手感样留在技术部门,并经常检验或抽查经各工序加工后的产品手感。织物的弹性包括两方面,一方面是由弹性纤维产生的弹性,这种弹性可以通过测试得到。另一方面是指非弹性织物的回弹性,通常是指检验织物的手感时,织物在作用外力消失后回复到原来状态的能力。

六、厚度与门幅控制

严格来说,控制纺织品单位面积上所具有纤维的质量,也就是染厂中经常说的织物的"克重量",就是织物的厚度控制。

七、检验与包装控制

次品控制是通过织物外观疵点检验完成的。把染整次品和织造次品全部检验出来,及时补充数量或安排返工和回修,是次品控制的主要内容。通过检验完成次品控制,也就同时完成了成品数量控制。把客户检验标准明确地通知印染厂,并在检验过程中实施,与印染厂和外贸公司及时沟通检验过程中出现的问题,是检验控制的主要内容之一。

确定包装材料和包装方式,确认各种包装唛头和标识,确认包装长度和外形尺寸,确认码单和货物的总体积,是包装控制的主要内容。

八、业务员选择

业务员是印染厂和染整跟单员联系的纽带,跟单员可通过业务员了解染厂的信息,业务员可以协助跟单员办理各种票据及跟单业务,提高跟单员的工作效率。

九、成品出库

成品出库时跟单员需要向库管员说明需出库纺织品的颜色和匹数。跟单员根据出库单的米数,交纳相关染色加工费用后,凭提货单办理成品出库。交纳染费时,可以是现金,也可以是汇票或支票。

十、内在品质控制

内在品质控制往往需要第三方检验来验证,主要包括纺织品加工的染色牢度、收缩率、强力和生态性。具有资质的专业检测公司,对于印染厂、外贸公司及国内外的客户,都是独立的第三方,更具有公正性和客观性。第三方检测机构的检验报告,是诸多国内外贸易产品质量控制的重要依据。

任务二　谈判

【任务导入】

经过一段时间的工作,王某某已经了解了跟单的工作内容,但是有一天,一位老客户向他下单并咨询产品报价,王某某应该如何与客户交流,并计算产品价格,给客户一个满意的答案?

【知识要点】

谈判是进行商品交易的先决条件。在供需双方确定合同(或订单)之前,通过谈判达成某种协议,形成合同(或订单),使双方共同遵守和执行合同。谈判最重要的是货品的价格问题。

价格是由货品成本决定的,成本的高低决定了价格的高低,甚至可以影响到能否达成交易协议。因此,谈判和成本核算在企业经营中具有重要的意义。谈判通常是由企业的主管人员及经营人员进行实际操作的,有时也需要跟单员参与到其中,及时提供所需的资料和帮助,以使谈判工作顺利进行。因此,跟单员应该了解和掌握有关知识。

谈判也可称为磋商或协商。谈判的目的是使供需双方达成能够使双方均满意的协议。它是一个错综复杂的过程,是一项技术性很强的工作。谈判成功与否有三点标准,一是双方的目的是否达到,如果一方的目的没有达到,谈判是不可能成功的;二是谈判是否有效率,谈判的时机是否恰当,谈判过程是否太长,会对谈判结果产生影响,低效率的谈判往往容易错失商机;三是能否与客户建立良好的人际关系,这一点是相当重要的,谈判是否能够达成协议,是双方利益的问题,而人际关系是今后进一步发展和稳定客源的重要基础。即使双方没有达成协议,但能够继续保持良好的人际关系,也是一种成功的表现。

一、谈判的方式

谈判的方式有两种,一是面对面磋商,二是以电子邮件的形式进行的函电磋商。

1. 面对面磋商

通过信函、传真及面对面磋商通常用于新客户,当有大宗交易需要长期合作时,通常也采用面对面洽谈的方式。一般情况下,这种方式对需方(即客户)相对有利,通常客户是有备而来,他甚至可以安排几个供方的竞争对手轮流进行洽谈,以争取更大的利益。因此供方应有足够的准备,信息掌握得越充足,越有利于谈判。

2. 函电磋商

函电磋商通常用于长期、稳定、合作关系良好的供需双方之间的洽谈。供需双方一般是预先洽谈好一个框架协议,合作过程中,在这个框架协议的范围之内,通过函电磋商,针对不同的订单,确定具体的合同条件。在这种情况下,一般不需要进行面对面的洽谈,通常通过一两次的信函往来,就可以确定一份订单。函电磋商方式省时省力,效率较高,因此在贸易往来中有广泛的使用。函电磋商,一般要经过询价、报价、还价和确认这几个过程达成协议,形成订单。

二、谈判前的准备工作

谈判前的准备是长期积累的结果,需要投入大量的精力和时间,积累丰富的理论知识和实践经验,才能准确地把握商机,赢得客户的信任,争取到客户的订单。因此它不是一朝一夕所能具备的,必须认真努力地准备和学习,提高自身的素质。

谈判准备工作需要经过以下几个过程。

1. 建立业务关系

建立业务关系需从两方面入手,即建立对内和对外的关系。

所谓对"内"关系,是指要与原料供应商建立长期稳定的合作关系,以保证原料及时供应(某些企业本身就具备这种能力,如机织厂通常与纺纱厂联合在一起,对织造生产所用的原料,本身具备供应能力),其次要与其他外协单位(如外发织造加工厂、印染加工厂等)建立良好的合作关系,从而具备订单顺利实施的能力。这些都是谈判的资本。如果不具备这些能力,往往会使自己陷入不利或被动的境地,很难争取到客户的订单。

所谓对"外"关系,是指通过介绍、宣传、营销等方式,与潜在客户形成有效的沟通,进而交往成为有效的业务合作关系,并且要不断巩固这种业务关系,形成稳定的、相互充分信任的长期合作关系,既稳定了客源,又保持了企业的正常发展。这需要业务人员从建立人际关系开始,投入一定的时间和精力,加强沟通和联系,从而发展成为客户,建立业务关系。

2. 充分了解和掌握市场信息

了解和掌握市场信息,对谈判工作至关重要,可在谈判过程中争取主动,尤其是面对客户一些不合理、不恰当的要求时,可以有充分的理由给予反驳,维护自身的利益。平时应收集、整理和分析市场,市场瞬息万变,需要及时更新信息,从而为企业的经营决策提供依据,为谈判工作提供可靠的参考。了解和掌握市场信息可以从以下几方面着手。

(1)了解客户。对于潜在的客户,应进行充分的调查和了解,对其信誉、资信方面的调查是非常重要的。与信誉不佳的客户打交道,有相当大的风险,应对信誉和资信状态不十分明了的客户保持一定警惕,谈判过程中,对产品数量、价格,特别是货款的支付方式等应采取相应的措施,不可被表面利益所蒙蔽。

对于信誉不佳的客户,可采取小批量、多批次订货。采用先付货款,后进行订单生产方式,以保证自身的利益。

对于新客户或不了解的客户,应在合同条款上采取必要的措施,如预付一定数量的订金,交货时一次付清余款。采用铁路、船运等运输方式,以保证货物的安全,避免不应有的损失。

(2)了解原料市场。原料价格决定了产品价格,应了解和掌握原料市场的供应信息和价格信息,纺织原料市场经常有波动,应时刻注意市场动向,收集原料品种和规格、供应商的信誉和供货能力等有关信息,做好必要的统计、分析和记录,争取在谈判中处于有利位置。收集原料市场信息有多种方式。

① 经常与原料供应商保持联系,及时了解原料的品种、价格、质量,可以多方咨询供应商,以便了解最新的信息。

② 可以通过报刊、互联网等方式了解原料市场的价格变化,也可以实地了解原料集散地的市场价格,掌握原料的价格信息。

③ 了解国家产业政策的变化,了解纺织原料,如棉花、化学纤维、羊毛、蚕丝等年产量及价格变化情况,综合分析纱线价格走势,为以后的谈判工作做好准备。

通过以上几种方式,将得到的信息进行分析、分类、整理并记录保存,以方便随时查看和使用。

(3)了解协作单位。非生产型企业(或贸易型公司)都免不了要与生产企业打交道,如织造加工企业、染色加工企业、原料供应商等,在与其他企业建立业务关系后,应随时保持良好的联系,随时关注其生产能力、设备等情况,及时了解新的情况,更新已掌握的信息。尤其要及时了解和更新外加工企业的加工费用,因为加工费用的高低,直接影响着产品的成本和报价。在谈判过程中,如果对加工费用的了解不够深入和全面(如特殊产品、少量产品的加工资费与普通产品的加工资费相差较大),往往容易造成报价失误,如果价格估算太低,就影响收益,甚至造成亏损;而造价估算太高,将失去竞争力。特别是客户同时对多个供应商进行谈判时,价格是非常敏感的因素。当报价大大高于客户的目标价位时,客户很可能失去进一步谈判的兴趣,从而使自己丧失参加竞争的机会。

(4)了解其他服务机构。对织造企业(或贸易公司)来说,服务机构主要是指运输、保险等机构。应详细了解运输部门的运输条件、运输能力、服务态度、服务质量、服务效率。运输费用和运输能力会影响产品的成本和产品的交付时间,因此应建立服务机构的信息档案,不同订单可以选择不同的服务机构,形成不同的营销组合。了解服务机构能使谈判更加灵活,提高应变能力。

(5)了解其他信息。应随时关注国家有关政策法规的调整,尤其是金融、外汇市场的变化。使用外币报价时,要折算准确、考虑全面,防止因汇率变动造成不必要的损失。总之,多方面了解和掌握各类信息,做到知己知彼,争取在竞争中取得优势。

3. 了解和掌握一定的生产技术知识

了解生产技术知识的关键是了解生产工艺,织物类型不同(包括印染整理后的面料),其织造、染色、印花和整理的工艺千差万别。了解生产工艺,有助于准确报价和确定交货期,能为谈判提供帮助。

(1)织造。特殊的织物组织结构、有提花图案的织物组织、色织织物、特殊生产设备生产的织物等,其生产工艺复杂,对生产设备的技术要求较高,生产效率低,生产周期长。因此使产品的生产成本上升,产品的价格提高,交货周期延长。

(2)染整。特殊的织物成分(如特殊纤维、多种原料混纺的织物)、特殊的工艺流程、特殊的织物整理要求、特殊的颜色均可造成生产成本上升、生产周期加长。

(3)印花。特殊印花工艺(如活性印花、拔染印花、烂花、转移印花等)较普通涂料印花工艺复杂,生产成本较高,工艺流程较长,生产效率低,生产周期长。

从以上的比较可以看出,不同的生产工艺会使生产成本和生产周期产生不同的变化。谈判过程中,客户提出特殊质量要求时,如果对生产工艺有一定的了解和掌握,可以给客户一个满意的答复,否则会使客户产生轻视的看法,降低谈判效率,甚至使客户产生不信任感,使谈判失败。

了解生产技术,不但要了解其生产工艺过程,更要了解不同生产工艺过程的生产成本和生产周期,从而在谈判过程中,准确地根据成本报价,确定交货时间,争取客户的信任,最终使谈判成功。

三、谈判的过程及内容

谈判是针对某类产品的交易而进行的,因此谈判是对所需交易产品种类、质量、价格、交易时间等交易条件进行协商,最终达成双方满意的结果。

1. 谈判的过程

有时谈判是相当漫长的,通常客户先进行询价,称为询盘,对某种产品的价格进行咨询,供方会针对询价,报出相应的价格,称为发盘,双方还会讨价还价,称为还盘。还盘相当于新一轮的发盘。如果谈判一方接受对方的所有条件时,双方即达成协议,称为成交。因此,询盘、发盘、还盘、成交构成谈判的过程。

谈判是建立业务合同及业务往来的必要步骤。

(1)询盘。客户购买某种产品之前,通常会询价。这其中不只是针对产品价格的咨询,还包括对产品品质、规格、可供数量、交货时间、支付方式等方面的询问。作为生产企业,应根据自身的实际情况,认真对待客户的询盘。

(2)发盘。发盘即对客户的询盘做出回应,提出其他交易条件,或者愿意按询盘的条件进行交易。

(3)还盘。还盘是客户对发盘的回应,通常客户会不完全同意发盘内容,而提出修改或变更。它既是对发盘的拒绝,也提出了重新发盘的要求。一般情况下,发盘、还盘要经过几个回合才有结果。

(4)成交。成交是发盘和还盘的最终结果,即双方同意交易条件形成交易合同。

2. 谈判内容

谈判主要是围绕产品的名称、规格、数量、价格、交货期、支付方式、包装、运输等几方面条件而进行的。

(1)产品的名称、规格和品质。产品名称是对织物产品的称谓,通常以客户提出的称谓为准。织物产品的规格、品质是影响产品定价的主要因素,对此客户会提出明确的要求,特殊的产品,客户会提供必要的样品、花纹图案、工艺要求和质量要求等内容。应仔细审核客户提出的要求,以确定是否可以实施。如果对此有疑问,应及时向客户提出,对不合常规的要求,应提出明确充分的理由,说服客户做更改。

(2)交易数量。通常客户在订单中会明确说明订购产品的数量。数量多少会影响产品的单价,对于常规织物品种,这种影响是微乎其微的,但对某些有特殊要求的产品,其数量多少会使单价产生极大的变化。生产特殊产品时,不论其数量多少,最初的一次性投入都较大。当订货数量大时,分摊到单位数量的成本较少,产品的单价变化不大,而订货数量少时,将增加分摊成本,使产品的单价上升。在商讨订货数量时,要充分考虑这一因素。

客户的订单数量越大,预期的利润也越大,但涉及资金周转、生产能力、生产效率、交货时间等因素,要考虑是否能够承受。订货量大,成交的金额就大,也使风险加大,因此交易数量应建立在双方都能够承受,并确定能够完成的基础上。

(3)价格。价格是谈判过程中最为敏感、最难以确定的条件,双方会因此而进行长时间的争论。

价格通常是通过多次讨价还价而达成的。通常,谈判前客户对产品有一个目标价格,这是客户力争的价格。谈判时,一定要根据市场调查掌握的信息进行报价,如果报出的价格很接近客户的价格时,客户肯定要压价,即使达到甚至稍低于客户的目标价格,为争取更大的利益,有时客户还要压价。因此在不低于价格底线的情况下,应该坚持自己的报价,或者作出微小的让步,以使客户满意,争取到订单。

进行价格谈判时,要注意以下几点。

① 价格的计算币种:即以何种货币作为结算货币。通常内销贸易以人民币作为结算货币,外贸使用可以自由兑换的货币,如美元、欧元、港币等。谈判时要确定结算币种,以方便结算。

② 计量单位:计量单位是价格计算的单位,织物一般以质量(如公斤、磅)或长度(米、码)作为计量单位,因此在达成的协议中要明确计量单位。

③ 价格:价格是计算交易产品的货币数额,确定了币种和计量单价后,再确定价格。用外币结算的价格,要注意汇率的变化和波动。

对内贸客户,价格通常有两种,即是否包含运输费用、保险费用和其他费用的价格。一种是提货价,即不包括其他费用的价格,另一种是到货价,即包括其他费用的价格。

对于外贸客户,价格的含义较多。按国际惯例划分,有 6 种不同的价格含义。除运输、保险等费用外,还有进口、出口关税的费用。6 种价格术语的含义及特点见表 4-1。

表 4-1　价格术语的含义及特点

国际代码	中文名称	交货方式	运输费用担负方	保险费用担负方	出口关税担负方	进口关税担负方	运输方式
FCA	货交承运人价	出口国指定交货点,货交承运人	需方	需方	供方	需方	任何
FOB	装运港船上交货价	出口国指定装运港的指定船上,货过船舷	需方	需方	供方	需方	水运
CFR	成本加运费价	出口国装运港,货过船舷	供方	需方	供方	需方	水运
CIF	成本、保险费加运费	出口国装运港,货过船舷	供方	供方	供方	需方	水运
CPT	运费付至……价	出口国指定交货点,货交承运人	供方	需方	供方	需方	任何
CIP	运费、保险费付至……价	出口国指定交货点,货交承运人	供方	供方	供方	需方	任何

注　FCA 或 FOB 术语后应注明交货地或装运港,其他 4 个术语后应注明目的港或目的地。

(4)交货期。交货期是双方共同确定的货品的最后交货时限。确定交货期时应充分考虑原料供应、生产能力、质量保证水平等多方面因素,要充分了解延误交货期的后果。如果订货数量较大,品种较多,应考虑使用分期、分批交货的方式,以增加交货的灵活性。

生产难度较大、质量不易把握的产品,应要求客户适当延长交货期,以争取更多的时间用于生产。对需要客户确认样品后才能投入生产的订单,应明确规定客户确认样品后的交货期限,以争取充分的生产时间。

(5)支付方式。支付方式是双方较关注的问题,协商支付方式时,应充分考虑客户的信誉、资质、合作关系等多方面因素,以确定双方都满意的方式,表4-2对主要支付方式做了比较,可根据实际情况综合考虑采用何种方式。

表4-2　主要支付方式的比较

结算方式		手续	银行费用		资金占用	需方风险	供方风险
			费用大小	主要担负者			
汇付	预付	简单	最小	需方	不平衡	最大	最小
	赊账	简单	最小	需方	不平衡	最小	最大
托收	付款交单	稍繁	稍大	供方	不平衡	较小	较大
	承兑交单	较繁	稍大	供方	不平衡	较小	极大
信用证		最繁	最大	需方	较平衡	稍大	较小

（6）包装、运输。包装费用通常包含在成本之中。包装的目的是为了保护货品,包装出口产品应注意包装材料的环保问题,应采用符合要求的材料,双方可以协商确定。运输方式主要有陆运、水运和空运,空运的费用较大,尽量少采用,陆运和水运是最常用的方式,双方可以协商确定采用何种方式。

数量较少、交货期特别紧急时,可采用空运方式。数量较大、交货期正常的,应采用陆运（汽运、铁路运输）或水运方式,以降低成本。

四、签订合同

谈判最终的结果是签订合同,合同是谈判结果的表现形式,签订合同后,双方应按合同规定的条款执行。

合同一般有三种形式,即销售合同、销售确认书和订单。

合同除应包括产品的品种、规格、要求等条款外,还应包括序号、鉴定时间、鉴定地点、双方的名称、地址和联系方式等内容。合同还应规定双方的权利和义务。

合同的内容要明确、严谨,切忌模糊不清。合同拟定后,双方应认真检查是否有错漏,发现问题应及时校正,以免日后发生纠纷,双方确认后方可签字盖章。通常,合同正本应一式两份,双方各执一份。

任务三　印染厂确认与匹样确认

【任务导入】

与客户谈好价格,签订合同后,王某某需要寻找合适的印染企业,他应该如何保证产品质量与交货期,顺利完成订单?

【知识要点】

不同的印染厂由于技术力量、设备及管理等因素,即使是生产的同一类产品,生产的产品质量各有不同,染整加工时选择一个质量稳定、价格合理、服务优良的印染厂,对于保证产品质量及交货期至关重要。染整跟单员需要在实践中不断积累企业的资源,了解企业的生产及经营状况,进行印染厂确认及匹样确认,顺利完成订单。

一、印染厂确认的基本程序

印染厂确认是订单加工的第一个步骤,跟单员要非常重视,印染厂确认是订单顺利完成的基础,主要有以下几个程序。

1. 询问客户

贸易公司的客户加工产品时也是有选择的,选择的结果就是这些客户对某些产品很熟悉,对另外一些产品不太熟悉,或者对某些产品十分不熟悉。不同的贸易公司、客户及印染厂或多或少都有一定的联系,跟单员可以根据客户的需求选择印染厂。

2. 询问印染厂

询问印染厂,实际上是询问印染厂的业务员。印染厂的业务员可以为跟单员提供印染厂的相关信息,并协助跟单员跟进生产进度及生产质量,保证及时地交货。

3. 印染厂考察

在多个印染厂中选择两三家印染厂进行考察,为最后确定加工单位提供依据。印染厂考察的重点包括产品质量考察、加工能力确认、服务理念确认和产品价格确认。这个环节可以和老跟单员一起进行,或者和印染厂业务人员一起完成。

4. 确认印染厂

前面三项内容得到确认以后,就可以根据考察结果最终确认外贸产品的加工单位。但还需要综合考虑印染厂的地理位置、交通运输状况、周边地区坯布及原料供应能力、印染厂所在区域的金融服务水平等因素。

二、印染厂确认的注意事项

印染厂选择时除了参照上述程序以外,还要注意以下几点。

1. 检验场地

检验场地宽敞明亮、干净整洁是非常重要的。场地宽敞,有足够的空间存放产品,若空间紧张,影响货物的堆放,甚至会引起货物的损坏。

2. 检验人员

熟悉产品特点、熟悉产品检验标准和检验指标、熟悉产品判定条件、熟悉在外观疵点处标识疵点记号的操作方法,是对检验员的基本要求。检验员应工作认真负责,操作规范,检验效率高。

3. 检验设备

检验工作台设计要合理,检验设备自动化程度高,这样可以避免人为因素影响检测结果,检测效率也较高。使用全自动检验设备可以较大地提高产品检验效率。

4. 坯布贮存

国外客户非常反感国内印染厂把各种坯布露天存放。坯布入库后合理堆放是保持坯布质量的前提。坯布堆放过高,底层坯布受压变形,影响前处理效果。仓库要防雨防晒,防止织物发霉或强力变化。坯布要分类存放,并做好记号,避免混淆。

5. 成品包装

包装方式、包装材料和包装设备都会对成品包装质量产生影响。包装材料摆放、场地大小也会影响包装质量。应尽量避免包装前后成品受潮、沾污。

6. 颜色控制

化验室打样设备和色差检验设备的水平可以直接影响产品颜色控制水平。自动配液滴液系统、计算机测色配色系统等,都可提高印染厂的颜色控制能力。

三、匹样确认

匹样确认的主要目的在于做一匹试样给客户确认。染整跟单贸易必须以实物为基础,因此以匹样试样加工方式出现的样品确认,对贸易公司、客户及染厂都很重要。印染厂可以通过匹样试样,确认生产工艺参数,为后期大宗产品加工积累经验,提供生产依据。贸易公司可以通过匹样确认为客户提供满意、优良的商品。

在样品确认过程中需要注意样品的手感、风格、门幅、厚度、弹性和强度。在大货样生产时也要注意这些方面的质量控制。

工艺策划过程实际上就是产品品质策划过程。匹样确认过程如图 4-1 所示。

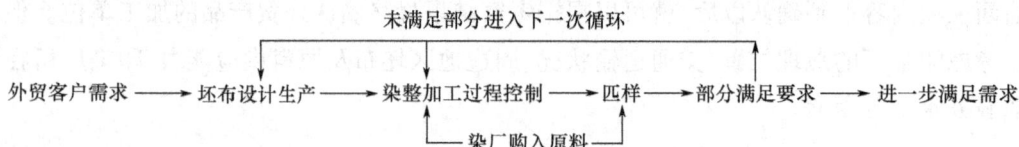

图 4-1 样品确认过程控制图

染整跟单员把客户对产品的要求转化为样品确认,通过过程控制和质量策划,把客户的要求转化为生产工艺,这样的过程就是产品的质量策划,也是生产过程的开始。

四、工艺实施

匹样确认后,印染厂依据匹样生产的经验及工艺参数,根据贸易公司的要求对印染厂的生产技术部门下达生产任务,进入工艺实施阶段。这个阶段染整跟单员必须做好生产跟进的工作。

1. 样品的入库与备缸

一匹或几匹试样坯布的入库与大宗坯布入库要求完全相同。坯布入库时一般以匹数为计量单位。每匹布的米长、质量必须做记录,以便计算坯布的经向缩率。

每个客户的坯布必须有专门的标识,绣字是确立标识的有效途径。备缸阶段在每匹布端距布头 1m 处的布边绣上不同的字,这个过程就是绣字。客户的标示要相对稳定,不宜频繁更换。

入库单是坯布入库的凭据,其主要内容包括客户姓名、入库时间、品种匹数、批号、绣字内容、业务员签字和客户签字。跟单员或业务员可凭入库单到生产技术部点色。备缸主要包括退卷、称量、缝头、绣字。绣字不但要绣标示,还要绣生产流程卡号。生产上的问题,跟单员可以和印染厂生产技术主管协商解决。

2. 点色

跟单员把匹样的染色计划通过本人或业务员以书面形式转告印染厂生产技术部值班人员的过程叫点色。点色在点色卡上完成,点色卡主要包括坯布规格、绣字、颜色名称、颜色小样、减量要求和整理要求等内容。减量要求主要包括减量的轻重、减量手感标样和减量方式。

整理要求主要包括定型的基本要求、柔软基本要求、罐蒸的基本要求、轧光基本要求和其他要求。定型的基本要求为门幅、成品克重、缩率要求、挂码方式和手感等内容。柔软基本要求包括柔软加工方式、滑爽或蓬松、布面扒丝程度。其他质量要求主要包括耐水洗牢度、耐摩擦牢度、耐日晒牢度和其他有关纺织品生态性方面的要求等内容。

3. 打样

打样是印染厂根据贸易公司或客户的需求,对来样进行颜色复制的过程。打样时小样是否准确,是保证大货样颜色准确的基础。小样制作及大样生产应用的面料品种、风格、厚薄、组织结构及材质应尽可能保持一致。

4. 染色

染色按工艺单要求执行。染色工艺单主要包括前处理工艺要求、染色配方、染色温度、升降温速度、保温时间、使用的助剂和后处理要求。如果是混纺织物,应用一浴法、一浴二步法或二浴法必须在工艺单上说明,应用的助剂及相关工艺参数应在工艺单上详细说明。染整跟单员应密切注意匹样染色过程,有效地控制匹样染色的品质。

5. 转序

不同工序之间的产品交接和信息交接都属于转序。比较明显的转序发生在染色结束后,定型整理前。转序是否通畅是各工序充分发挥作用的前提,也可以有效地提高生产效率。

6. 整理

印染厂根据贸易公司的要求对产品进一步加工,提高织物的尺寸稳定性、手感、外观及使用性能的处理称为整理。成品定型是最简单的整理。门幅、克重和手感是最主要的技术指标。

7. 检验

检验的标准就是客户的标准,而客户的标准是唯一的标准。客户的要求是跟单员检验匹样品质的依据。

8. 出库

颜色的深浅、染料助剂成本的高低和加工工艺的长短是构成加工成本的主要方面,是成品出库时确定加工费的主要依据。浅色、中色、深色、特黑和特殊颜色,是印染厂划分染色价格的常用档次。

五、工艺控制

匹样加工的工艺控制以现场控制为重点,需要染整跟单员必须按照工艺流程一个工序一个工序地全程跟踪。染整跟单员在匹样工艺控制中要多听取一线生产员工的建议,做好相关记录,这有利于大批量生产过程中工艺的调整。

六、工艺讨论

有些时候受各种因素的影响,匹样加工的结果会不尽如人意,需要进行必要的讨论。讨论主要在贸易公司染整跟单员和印染厂生产技术部门之间展开,就生产加工中出现的问题,由染整跟单员提出请求,由印染厂生产技术主管召集染厂内部新产品开发与生产管理的人员参加,共同解决问题。

七、工艺确认

染整工艺的最终确认是在匹样试样、工艺讨论与交流的基础上完成的。工艺确认主要包括两方面的内容,一方面是工艺流程或工艺过程确认,另一方面是工艺参数的确认,而工艺过程和工艺参数的确认又可以分为不同的阶段。参照产品加工流程,可以把产品工艺确认分为前处理阶段、染色阶段和整理阶段。

任务四　染整跟单颜色控制

【任务导入】

作为染整跟单员,印染厂确认后王某某需要依据客户来样及要求对印染厂染色质量进行控制,他应该如何做好印染厂颜色控制工作?

【知识要点】

当匹样得到客户的最终确认后,接下来就是为客户提供相关的色样以供客户确认。客户交给贸易公司的色样,由染整跟单员交到印染厂,印染厂一般把这个颜色小样称为色卡。所以,色卡确认是以印染厂为基础,以跟单员为联系客户和印染厂的纽带,以客户确认为终点的工作流程。色卡确认后,化验室打样及染色工艺及参数确定、颜色的检验等都是染整跟单颜色控制的重要环节。

一、色卡确认

1. 坯布确认

按照客户提供的坯布的批号、匹数和原料分类等基本信息,在白坯仓库中找到客户需要的坯布并取样,这是色卡确认的起点。坯布取样的尺寸应和坯布加工的特点及流程相联系。

2. 客户来样管理

客户来样属于客户财产,印染厂的化验室必须妥善保管。客户来样包括颜色样、手感样和风格样。

3. 打样用参考样本

经过分门别类整理的不同颜色小样可以作为打样之前确定打样配方的参考样本。生产车间按照化验室制定的颜色配方染色后就会得到生产大样。由化验室颜色档案管理员搜集这些颜色样,贴在客户来样与化验室打出的颜色样上,就可以制成一本打样用参考样本。

4. 打样配方确认

在确定打样配方之前,认真寻找打样配方,仔细观察织物的原料组成、密度变化和组织变化,对于提高打样效率非常重要。

在印染厂化验室内用人工的方式,参考颜色样卡确定染色打样配方的过程,就是纺织品染色加工的人工测色。测色是配色的基础。

5. 样卡的粘贴

粘贴时全部色卡的正反面必须一致,组织纹路必须相同。粘贴时注意控制样卡的尺寸,尺寸过大,每页上可以粘贴的样卡数量下降。尺寸过小,影响样卡色光的显示效果。

6. 其他

一般情况下,印染厂的打样室不会对客户提供的黑色和白色提供打样服务。小样机漂白处理的面料的白度很难和中大样可达到的白度一致,黑色染料染色也是如此,而且这些加工工艺参数的调整相对容易,因此印染厂一般不对客户提供黑色和白色打样服务,除非客户特别要求。

二、化验室打样

印染厂在色卡中选择与客户来样织物规格相同或相近、颜色接近的色样,用客户的坯布进行小样制作的过程,就是染色打样。染色打样主要有以下几方面。

1. 设备

常用的打样设备有高温高压打样机(适合分散染料染涤纶)、甘油打样机、红外线打样机、常压水浴打样机和常压震荡式打样机。

2. 染料

(1)染料称量:染料称量一定要准确,一般最好由专人称量。称量天平可用扭矩天平及电子天平,电子天平精度在 0.01 即可,以满足实际生产需要。称量时除了要注意准确,还要避免染料散落对天平及称量间的污染。

(2)染液溶解:染液溶解也叫化料。把准确称取的 5g 染料缓慢倒入 1000mL 的容量瓶后,慢慢注入蒸馏水至容量瓶刻度,就是化料的基本过程。此后将化好的染料倒入 1000mL 的广口瓶备用。每次使用广口瓶内的染料之前,必须倒置后摇匀,每次打样前必须充分摇动广口瓶,只有沉淀在底部的染料全部溶解后方可移取染液。

(3)染液吸取:染液吸取一般采用移液管,这样比较精确。使用移液管前,必须清洁移液管并用染液清洗2~3遍。染料品种多时,每种染料可以专用一根移液管,方便吸取染液。

3. 浴比

染色打样的浴比可以根据印染厂设备的情况选择,一般在1：10~1：50,应根据染色设备情况及染色织物特点及染色工艺综合考虑。

4. 织物

纤维素纤维制品打样时,必须考虑环境湿度对颜色准确性的影响。小样织物的质量应该与染料的浓度相对应。无论是高温高压打样、高温常压打样,还是常温常压打样,打样时样布的折叠必须自然、蓬松。

5. 助剂

染色助剂在实际生产中起着重要作用,在染色实验中同样起着重要作用。一般助剂的选用主要考虑染料品种及染色工艺并结合织物特性进行选择。如染料是阴离子,使用的助剂尽量不要使用阳离子的,以避免对染色产生影响。也可通过染色实验进行测试,判定后进行选择。

三、染色配方与染色工艺

染色打样时,需要按照染色配方移取染液。染色配方由化验室主管人员写在配方单上,配方单中的染料助剂的种类、名称、用量等必须标注清楚。

1. 配方书写举例

中灰

分散蓝 2BLN	0.34
分散黄 E-4R	0.22
分散红 3B	0.17

配方中染料相对织物质量百分比可省略。

2. 配方调整

在测色与配色过程中,打样人员必须首先对比和判断来样与色卡之间的深度差别,然后才可以对比和判断来样与色卡之间色光上的区别。

配方调整时,先看深浅,再看主色,后看色光。

3. 配方管理

正确书写配方,及时整理配方,及时粘贴染色小样,随时利用染色小样制作色卡,都是配方管理的主要内容。配方管理也是颜色档案管理的基础。

4. 染色工艺

生产车间的染色工艺是根据小样染色工艺制定的,因此,如何制定小样染色工艺对制订生产工艺有较大影响。小样染色起始温度控制,取决于所用染料的温度类型。染色时应严格按照染料生产工艺控制染色温度。

助剂加入染液必须在小样放入染杯之前完成,由此可以要求染色生产中先加助剂入染缸、后加染料进染缸,最后方可放入被染织物。小样染色加入的助剂一般以染液酸碱度调节剂和染色用的匀染剂、促染剂和缓染剂为主。

染色后清洗必须充分,直接染料、活性染料和酸性染料染色时,根据织物的情况要选择固色,以提高色深及固色率,提高色牢度。

5. 颜色确认

打样的每个颜色,在大货生产之前最好得到客户的确认。当客户对颜色要求很高时,染色前必须经过客户确认,客户有异议时,跟单员应做好客户和染厂的沟通工作。要求较高的外贸订单染色加工开始之前,跟单员非常有必要把欲投入生产的颜色再重新复制一次。

四、颜色的检验

颜色检验的目的就是确定生产大样与客户来样之间的颜色差别。颜色检验必须在一定的检验条件下实施,也可以直接通过计算机测配色系统测试。

1. 光源

颜色检验的光源一般由标准光源箱提供,主要有 D65、UV 光源、CWF 光源和 A 光源。

2. 光线

颜色检验时,检验环境的光线强度对检验结果有较大影响。检验环境要避免阳光直射,以日光灯照明为主。

3. 样品尺寸

检验颜色差别时,需要对样品尺寸提出一些要求。一般情况下,对比颜色差别时,两块色样的尺寸应该尽量接近,样品的尺寸最好为 3cm×3cm。

4. 对色方法

把两块尺寸接近的色样并排摆放在工作台上,中间不留任何缝隙,观察色样颜色的差别,换一个方向再次比对颜色的差别,或者把两个色样位置对调一下,再次观察色样的差别。

5. 判色色卡

颜色差别分为 5 级 9 档,其中 5 级最好,1 级最差。分为 1 级、1-2 级、2 级、2-3 级、3 级、3-4 级、4 级、4-5 级、5 级这 9 个档。

6. 电脑测色

用计算机测色配色系统对色样进行检测,这种方法一般比人工检测更加准确,可以在客户对色样色差要求较高或双方对色差有异议时使用。

7. 色差检验

常见的纺织品色差主要包括头尾差、前后差、左中右色差、缸差、管差、匹差和页差等类型。出现色差后,跟单员要及时和染厂及客户沟通,协调处理好色差的影响。

任务五　染整跟单的交货期

【任务导入】

作为染整跟单员,王某某需要依据客户要求对印染厂的生产质量进行监测,也要对染整跟单交货期进行控制,保证订单及时完成,他应该如何完成这项工作?

【知识要点】

纺织品外贸订单加工,除了要保证产品品质,还必须保证产品交货期。如果交货期不能保证,贸易公司将承担违约责任和一定后果。无论是印染厂还是贸易公司都要把交货期同产品质量放在同一高度,提高我国纺织品在市场上的竞争力。

贸易公司与客户签订的合同中有产品加工信息,这些信息整理后可以形成指导纺织品加工的工作指示单。

一、工作指示单

与纺织品染整加工有关的工作指示单中必须包括产品总米数、单色米数与最大偏差、检验标准、检验内容、色差范围、最小匹长、包装材料、包装方式、门幅、厚度、手感标样、弹性标样、风格标样、纬斜要求、耐水洗牢度、耐摩擦牢度、耐日晒牢度等内容。

1. 长度

(1)坯布长度核对:纺织品染整加工坯布总米数核对可以分为两个阶段。第一阶段在纺织厂,从坯布装车开始核对匹数,在纺织厂成品仓库库管员手中获取码单,核对坯布码单,检验坯布出库匹数和码单的准确性。第二阶段在印染厂,坯布长度的检验由染整跟单员在印染厂坯布入库过程中完成,通过核对匹数和码单完成总米数的检验。

(2)单色米数:单色米数控制可以在点色工序完成。单色米数的确定以掌握产品经向缩率为基础,不了解产品的经向缩率就无法完成单色米数的点色和长度控制。

(3)正负差:每种颜色的米数必须有正负差,没有正负差的单色颜色无法进行米数控制。一般情况下,单色米数的正负差以±5%为宜。

2. 颜色准确性

(1)头尾差:头尾差是指长车轧染或平幅卷染时某种颜色的头部和尾部存在的颜色差别,一般要求不得超过4级。

(2)缸差:用绳状浸染方式对批量较大的某颜色染色时,染色缸数经常会超过两缸以上。织物坯布批号相同,染色配方相同,染色缸号不同,其间存在的颜色差别叫做缸差。通常客户要求织物的缸差不得超过4级。

(3)左右差:长车轧染的整幅织物之内,左边、右边和中间三个部位的颜色差别称为左中右色差。通常客户要求织物左右色差不得超过4.5级。

3. 染色牢度

在工作指示单中必须强调的染色牢度指标,主要是水洗牢度和摩擦牢度。水洗牢度包括褪色牢度和沾色牢度,摩擦牢度则包括干摩擦牢度和湿摩擦牢度。对于分散染料来说,升华牢度是检验分散染料性能的一项重要指标。

二、坯布检验

坯布的品质直接影响纺织品染色的品质,坯布检验对于顺利完成生产订单、控制交货期有十分重要的作用。为了提高检验效率,印染厂以匹为单位,坯布抽检的数量控制在5%以内,也可以采取染整加工20m样布的检验方式,充分检验坯布质量。

坯布检验主要要注意门幅、密度、厚度、长度、原料质量、织造质量及包装这几方面。染整跟单员要和纺织跟单员及时沟通,了解染色坯布的相关信息。纺织跟单员可将坯布上机工艺单复印件交给染整跟单员,帮助染整跟单员了解坯布信息。染整跟单员可以和印染厂一起对坯布质量进行检测,有问题及时反馈给纺织跟单员,保证染整生产的顺利进行。

三、生产进度控制

生产进度控制是交货期控制的关键环节。虽然印染厂生产计划由生产管理部门制定,但染整跟单员可以根据印染厂生产计划及设备情况,在坯布入库后及时点色,方便印染厂安排生产任务,争取尽早安排染色生产。

1. 点色

点色是染色的开始,点色的顺序是印染厂生产管理部门制订生产计划的主要依据。坯布入库后染整跟单员应该及时地根据客户要求,完成点色。

2. 巡查

在生产区域的交货期控制中,需要重点控制的工序包括备布、前处理、染色、转序、定型等工序。

(1)备布:跟单员点色以后,生产主管部门的值班人员会按照生产计划开出产品质量流程卡。必要时可以把生产值班员开出的流程卡亲自送到坯布仓库,交给备布组长,并对备布过程给予必要的指导。指导的主要内容包括坯布堆放的位置和坯布的批号。

(2)前处理:不同的织物、不同的设备,前处理工艺流程完全不同。棉织物前处理从烧毛开始,化纤织物的前处理相对简单,以去除油污为主。染整跟单员要深入生产一线,了解产品加工进度,为控制产品交货期打好基础。可以通过产品质量控制流程卡了解产品加工过程中的质量控制情况。

(3)染色:无论是连续式染色加工,还是间歇式染色加工,跟单员都应在生产一线配合印染厂技术人员对生产的质量和进度进行控制。染色完成后,应及时核对颜色的准确性。

(4)转序:对于棉织物而言,转序主要包括开幅、轧水和烘干,而对于化纤织物来说,转序主要包括脱水、开幅、缝头等工序。染整跟单员应经常巡查本公司产品的加工进度,对流程卡上的内容及信息进行核对和分析,保证产品的加工进度。

(5)定形:染整跟单员应与定形班长多交流,了解定形生产情况,在每批次产品定形后,必须及时检验织物颜色及尺寸的准确性。

3. 沟通

交流与沟通是相互传信息的基础。染整跟单员是贸易公司和印染厂联系的桥梁,没有有效的沟通就无法把客户的要求反映给印染厂,印染厂生产有问题也不能及时反馈给贸易公司,最后影响订单的交货期。

4. 记录

为了更好地提高跟单效率,控制产品交货期,应该养成经常作记录的习惯。比如记录产品信息、生产及跟单的注意事项等,以使跟单工作更加有条理。

5. 汇报

跟单过程中遇到较难解决的问题时,需要及时向上级主管汇报。汇报包括两方面,第一可以向印染厂的生产主管、技术主管、业务主管或者包括印染厂的副总经理或总经理在内的各级主管汇报在跟单过程中所遇到的自己无法解决的困难和问题。第二是向本公司汇报问题和反映情况。

四、米数控制

纺织品加工数量控制包括三方面,一是总米数控制,二是单色米数控制,三是米数不足的补充。

1. 总米数控制

(1)坯布数量的确定:通过匹样确认过程确定坯布的经向缩率,由此确定数量适当的试样坯布。通过测量与控制试样坯布产出成品的综合质量指标和经向缩率,确定从坯布到成品的比较准确的经向缩率,确定坯布数量。

(2)经向缩率计算:某种织物匹样试样坯布长度为 100m,假设染色后,成品长度为 70m,则坯布缩率为:

$$缩率 = \frac{100-70}{100} \times 100\% = 30\%$$

如印染厂加工某种坯布试样为 500m,染整加工后成品为 400m,则坯布缩率为:

$$缩率 = \frac{500-400}{500} \times 100\% = 20\%$$

若客户要得到此类成品米数为 10000m,需要的坯布米数为:

$$\frac{10000}{100\%-20\%} = 12500m$$

单纤维织物染整加工经向缩率一般是固定的,常见单纤维织物的经向缩率见表 4-3。

表 4-3　常见单纤维织物的经向缩率

经向原料	捻　度	组织结构	染整加工经向缩率
棉		平纹	8%
黏胶纤维		平纹	水洗后 20%以上
涤纶 DTY	较低	平纹	12%
涤纶 POY	较低	平纹	18%
涤纶 FDY	较低	平纹	20%
T/C 65/35		平纹	10%

表 4-3 中织物不包括弹力织物,织物捻度及组织结构变化后,经向缩率均会有变化,其具体变化以生产匹样测试结果为准。

(3)坯布正负差:一般计算所需坯布数量时,还要考虑次品数量、成品数量波动等对最终成品量的影响。如次品数量按照成品数量的 2% 计算,成品数量在±5%上下波动,实际生产时,生产 10000m 缩率为 20% 的成品,则需要坯布的总量为:

$$12500/(100\%-7\%) = 13441(m)$$

2. 单色米数控制与数量补充

(1)改色:大宗纺织品染整加工必须带有一定数量的黑色,否则次品数量会大幅上升。多数情况下,可通过次品改色方式提高正品率。通常改色多为黑色,所以纺织品加工时黑色染色必须放在最后。改色前,需把尽量相近的颜色放在一缸内改色,这样可以减少缸差。一种颜色在不同光源下出现不同颜色的现象叫做"跳灯"。总之,先染浅色,后染深色。点色时坯布的数量留有余地,改色时注意避免"跳灯"现象并应控制缸差,这是纺织品单色控制的重点。

(2)单色数量控制与数量补充:在交货期控制过程中,首先要检验先期点色的浅色产品正品数量,其次要确定浅色产品改色数量,第三要确定浅色产品补充数量。

3. 订单追加

在某一订单加工过程中客户忽然又追加了新的订单,品种相同,颜色既有原来已经确认的颜色,也有未经客户确认的颜色。如果客户坚持要求未经确认的颜色必须与本订单一同出货,那么贸易公司也可以坚持取消客户对后续添加颜色的确认。当然,取消客户的颜色确认并不意味着可以降低后续添加颜色的准确性。追加订单数量较大,而客户对交货期要求较高时,外贸公司也可以适当以加速生产会影响产品品质为理由,把交货期适当延后,增加贸易公司的回旋余地,给印染厂创造宽松的加工条件。

任务六　染整加工常见疵病及质量控制

【任务导入】

作为染整跟单员,王某某在工作过程中经常遇到生产中的染色疵病问题,这些疵病是如何产生的,在生产过程中如何减少或避免产生疵病?

【知识要点】

在染整加工过程中,往往会出现一些染色疵病,跟单员需要及时发现,及时沟通解决问题。在印染企业生产过程中,常见染整疵病主要有以下内容。

一、烧毛疵病

1. 烧毛不净

(1)疵病形态:布面有过多绒毛。

(2)产生原因:

① 内焰温度低或与布面距离过大;

② 车速过快;

③ 烧毛次数不够。

2. 烧毛过度

(1) 疵病形态:布面烧焦,涤纶变硬或熔化,布幅收缩过多。

(2) 产生原因:

① 内焰温度高或与布面距离过小;

② 车速过慢;

③ 烧毛次数过多。

3. 烧毛不匀

(1) 疵病形态:布面绒毛长短不一,分布不匀。

(2) 产生原因:

① 火口阻塞或变形;

② 布面有折痕。

4. 烧毛破洞或豁边

(1) 疵病形态:布面有小洞,布边有豁边。

(2) 产生原因:

① 拖纱、边纱和棉结等燃烧后未及时熄灭;

② 火星落在布面上;

③ 车速太慢。

二、退浆疵病

1. 风干脆损

(1) 疵病形态:布面白度、色泽、手感不一,强力下降。

(2) 产生原因:

① 退浆堆置时局部外露,风干,引起局部酸或碱浓度过大,纤维脆损;

② 堆置时间过长,未及时水洗;

③ 退浆后布面酸碱未洗净。

2. 聚乙烯醇斑渍

(1) 疵病形态:布面上有浆斑,光泽不匀,染色后形成斑渍疵布。

(2) 产生原因:PVA 用碱退浆时,必须用高温水充分水洗,水量少或温度低会使 PVA 重新聚集在布上。

三、煮练疵病

1. 生斑

(1) 疵病形态:局部织物呈暗黄色,有时有棉籽壳存在,毛效低。

(2) 产生原因:

① 化学助剂用量不足;

② 煮练温度低;

③ 煮练时间不足;

④ 浴比过小,部分织物未浸没于煮练液中;

⑤ 煮练液循环不畅。

2. 碱斑

(1)疵病形态:织物局部带有残液的暗棕色斑渍。

(2)产生原因:

① 碱斑主要是碱液在织物上干涸而成,煮练时或煮练后织物上碱液干涸造成;

② 水洗不充分也易引起碱斑。

3. 钙斑

(1)疵病形态:钙斑使手感变硬,甚至使织物有拒水性。

(2)产生原因:煮练用水或水洗水硬度过高。可用热稀酸反复洗涤去除。

4. 黄斑

(1)疵病形态:织物局部带有暗棕色。

(2)产生原因:煮练用水或酸洗、水洗用水含有泥沙或铁质,主要是管道污染。

5. 泡花碱斑

(1)疵病形态:织物手感粗硬,有拒水性。

(2)产生原因:硅酸钠用量大,水洗不充分。

6. 纤维脆损

(1)疵病形态:断裂强力降低。

(2)产生原因:

① 煮练浴比小,部分织物未浸没于练液中;

② 煮练温度过高;

③ 水洗不充分;

④ 织物上有铁锈。

四、漂白疵病

1. 白度不足、不匀

(1)疵病形态:白度不达标或不均匀。

(2)产生原因:

① 漂白液浓度低;

② 温度低,温度不匀;

③ 处理时间不足;

④ 煮练不充分;

⑤ 漂白前后工艺控制不当或停车时间长。

2. 泛黄

(1)疵病形态:存放、使用过程中短时间内变黄。

(2)产生原因：

① 煮练不透；

② 漂后脱氯不充分；

③ 水质硬度高。

3. 锈斑

(1)疵病形态：织物上有黄棕色铁锈斑渍，严重时破洞。

(2)产生原因：织物与铁器接触或水中含有铁质。用2~3g/L草酸洗涤可去除。

4. 强力下降或脆损

(1)疵病形态：漂白后强力下降明显。

(2)产生原因：

① 漂白液浓度过高；

② 处理时间过长；

③ 中途停车过久；

④ 漂白液中有铁离子或铁质。

五、丝光疵病

1. 皱条

(1)疵病形态：布面有光泽不一的经向皱印。

(2)产生原因：

① 导布辊不平整；

② 导布辊有纱头；

③ 去碱箱、平洗槽直接蒸汽量大；

④ 平洗张力小。

2. 纬斜

(1)疵病形态：丝光后出现纬斜。

(2)产生原因：

① 轧辊左右压力不匀；

② 导布辊不平整；

③ 布铗两边磨损不一；

④ 缝头不齐。

3. 拉破

(1)疵病形态：布边破损。

(2)产生原因：

① 扩幅过大；

② 前处理伸长过大；

③ 前处理半制品强力不足或脆损。

4. 染后有深边

(1)疵病形态:染色后布边颜色深。

(2)产生原因:

① 扩幅时布边水洗不足;

② 轧辊在布边处有凹陷。

5. 染后阴阳面

(1)疵病形态:染色后得色有正反面。

(2)产生原因:双层丝光叠合面洗碱及洗碱不充分造成丝光不匀。

六、染色疵病

1. 色差

(1)疵病形态:织物深浅不一,色光有差别,包括边中深浅、左右深浅、前后深浅、正反色泽不一、正反局部色泽不一。

(2)产生原因:

① 染料在织物上先期分布不均匀,如果在固色以前,染料在织物上不均匀,固色后必为色差;

② 染料在织物上固着程度不同,固着时,条件控制不当;

③ 染色色光发生变异(并非染料分布不均匀)。

2. 色渍

(1)疵病形态:在织物上出现有规律的、形状大小基本相似的或无规律,形状、大小都不固定,与染色织物色泽为同类色的有色斑渍。

(2)产生原因:

① 染料的凝聚;

② 染料微粒与表面活性剂在高温条件下,凝聚成焦油状物质;

③ 色淀对织物的沾污。

3. 条花

(1)疵病形态:染色织物色泽不匀,呈现直条形或雨状、羽状的条花,实质上是条状局部色泽不一的染色色差疵病;

(2)产生原因:

① 染料的泳移;

② 织物匀染性能被破坏;

③ 染料选用不合理。

4. 色点

(1)疵病形态:在织物上无规律地呈现出色泽较深的细小点,一般发生在浅色织物上。

(2)产生原因:

① 染料选择不当,颗粒大,产生凝聚;

② 染料溶解不良,用硬水等情况;

③ 染色设备不净;

④ 管理不善,染化用料保管和使用不当;

⑤ 环境因素;

⑥ 原料因素及加工条件控制不当。

5. 深浅边

(1)疵病状态:布边深或浅。

(2)产生原因:

① 与布边本身组织结构有关,如布边厚、带液多、色深;

② 与染料性能有关,对湿度有敏感性,拼色时上染率不同,印地素有的易水解氧化,造成深边疵;

③ 与染色设备状况有关,布边较厚的织物易使轧辊在布边部分磨成凹形,形成浅边;

④ 与染前处理有关,丝光扩幅布边冲洗不足,洗碱不净,造成深边或浅边;

⑤ 与卷染布卷边情况有关,卷边不齐,露出部分,形成深边;

⑥ 与布铗、针铗的温度有关。

6. 斑渍

(1)疵病状态:单一色泽中夹杂着白色、色浅、色深,有色深或黑色等各种斑点或斑纹,形状有大小,多数无规律。

(2)产生原因:

① 白色斑渍。为漂白过程中采用次氯酸钙分解出来的石灰质残留在织物上没有洗净,染后产生一种拒染的白色斑点;半制品丝光后局部风干,织物局部带碱。

② 色浅斑渍。为织物上有拒染物,造成半防,或染色过程中布上滴水冲淡染液,织物上沾有花衣毛;毛坯布卷染时,织物上带有水渍,且卷入布卷内搁置过久,造成水渍浅斑;活性染料轧卷堆置,用薄膜包扎不够严密,冷凝水渗入布卷造成浅色斑渍;直接染料染色后未固色遇水滴造成色浅斑渍。

③ 深色斑渍。造成原因与织物染前退浆是否退净、带碱情况、染化料操作、染液浮沫状况、烘筒上是否沾有有色纤毛、染色工艺的执行情况以及织物上和染液中是否含重金属盐类等杂质都有密切关系。

④ 锈斑。与铁锈有关,如练漂前布上有铁锈,经前处理仍未去除;在染整加工中与铁器接触;直接染料卷染时,食盐含杂过多,侵蚀铁器生锈;加工中用水含铁锈。

⑤ 生斑。主要发生在煮练中,煮时不均匀,造成循环不畅;用料不足,时间过短,煮练前退浆不净,煮练时温度过低等。

⑥ 碱斑。主要发生在煮练工序,煮练液含杂多,锅面盖布未铺好,练液循环不良,煮布排残液不净,造成局部风干,使带碱杂质粘于织物上,煮练汽蒸后,水洗不净,退浆时保湿保温不够,发生风干现象,或丝光后未及时烘干,发生风干现象。

⑦ 钙斑。与钙离子存在有关,煮练用硬水,漂白时,织物残留钙质未去净。

⑧ 霉斑。织物上带浆料,在一定温湿度下极易形成霉斑。

7. 卷染色布头疵

(1)疵病形态:表现为两头色深或色浅,在成品疵点中一般均伴有接头横档印、皱条、头花等其他疵病。

(2)产生原因:

① 初染液浓度太高,特别是亲和力大的染料;

② 织物在染液中停留时间较长;

③ 织物和染液接触的时间不同;

④ 拉缸速度较慢;

⑤ 半制品在前处理中已形成斑渍疵点;

⑥ 色深的头子布缝在较浅色的布卷上,产生沾色头疵。

8. 色泽不符标样

(1)疵病状态:在染色布上色泽均一,而色光、色泽深浅与标样不同。

(2)产生原因:

① 染色处方、工艺制订不当;

② 辨色光源不统一;

③ 染色生产计划安排不周;

④ 染色分批管理不善;

⑤ 染色工艺条件、操作掌握得不好。

9. 风印

(1)疵病状态:织物在染色或染后存放的过程中,发生色泽变浅或深、深浅不一的现象。

(2)产生原因:

① 直接染料染色后的织物一般对酸都敏感;

② 部分活性染料对酸碱敏感,染成的色泽易产生风印;

③ 部分套染的活性染料工艺流程安排不当;

④ 部分对 pH 值较敏感的分散染料对条件控制不当;

⑤ 管理不善。

10. 水印

(1)疵病状态:在染色前的染色固色过程中及染色后滴溅上水滴,致使织物上染料和化学助剂被冲淡、破坏,造成局部色浅。

(2)产生原因:染整加工过程的特点是水多、蒸汽多、冷凝水多。

① 厂房屋顶滴水;

② 烘燥机、预烘机罩壳、机架遇烘燥时蒸发出的水蒸气凝成水滴滴落而造成;

③ 烘燥机上方的横向淋水管截门未关严,造成漏水;

④ 烘筒两端进出蒸汽处漏汽、漏水或烘筒有砂眼;

⑤ 蒸箱上部蒸汽夹板未开放。

七、印花疵病

1. 印花露白

(1)疵病状态:经纱或纬纱的一部分翻转或移动到织物的正、反面,在花纹上呈现出酷似被挠后留下的道(图4-2)。

(2)产生原因:该疵病大多由于色浆渗透不良、印花后的处理不当(张力不匀等)而造成。

图4-2 印花露白

图4-3 印花色泽不匀

2. 印花色泽不匀

(1)疵病状态:印花的一部分变成了如同鲨鱼表皮形状那样的花斑(图4-3)。

(2)产生原因:该疵病多在色浆黏度不适当、筛网网眼选择不当或贴布不匀等情况下发生。

3. 渗色

(1)疵病状态:印花花纹的颜色渗出,花型的轮廓不清晰,呈现出模糊不清的色彩(图4-4)。

(2)产生原因:色浆黏度低、染料浓度极浓、印花吸浆量过多或吸湿剂用量多等原因造成。

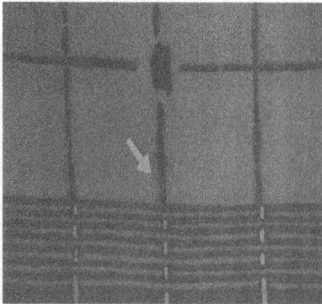

图4-4 渗色

图4-5 搭色污斑

4. 搭色污斑

(1)疵病状态:印花花纹的颜色沾染到其他部分所造成的污斑(图4-5)。

(2)产生原因:大多在印花台板洗涤不净,印花后干燥不充分相互重叠在一起或蒸化工程中织物与织物间相互接触等情况下发生。

5. 双版色差

(1)疵病状态:在织物的横向呈现出一定间隔的色泽深浅(图4-6)。

(2)产生原因:该疵病多在筛网框、刮刀安装不良或刮浆不匀情况下发生。

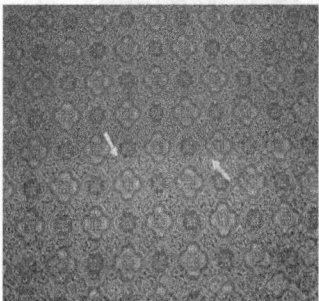

图4-6　双版色差

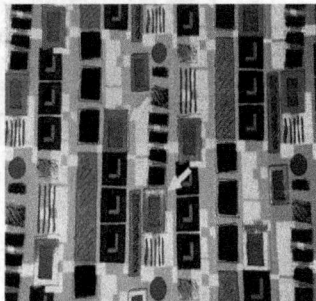

图4-7　色浆不足

6. 色浆不足

(1)疵病状态:花纹部分颜色缺乏。

(2)产生原因:通常在色浆补充不及时、刮浆刀压力不匀、刮浆刀硬度不当、刮浆刀继电器故障、印花台板表面有凹凸、色浆黏度及浆料不适当等情况下发生(图4-7)。

7. 花版接头不良

(1)疵病状态:花版接版处花型重叠或不吻合,或脱开(图4-8)。

(2)产生原因:该疵病多因输送带调整不良或台板规矩眼调整不当,影响花位准确性所造成。

图4-8　花版接头不良

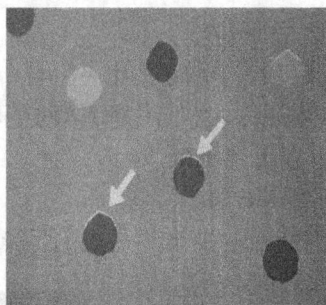

图4-9　花版错位

8. 花版错位

(1)疵病状态:花纹错位的印制品(图4-9)。

(2)产生原因:该疵病大多在对花不准、雕刻不良、贴布不良等情况下发生。

9. 色点

(1)疵病状态:小点状的颜色污斑(图4-10)。

(2)产生原因:通常在色浆中有未溶解的染料或附有杂质的情况下发生。

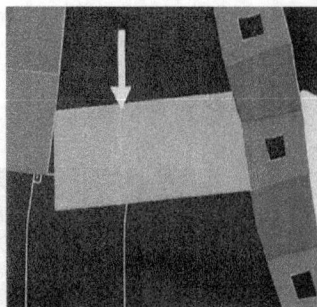

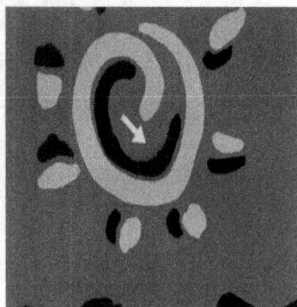

图 4-10　色点　　　　　　　　　　　图 4-11　摩擦污点

10. 摩擦污点

(1)疵病状态:在印花花纹尚未充分干燥时接触异物,沾着了花纹部分的颜色、又沾污到其他部分所形成的疵点(图 4-11)。

(2)产生原因:该疵点多在已印花织物干燥不充分的状态下因不注意而被拖着或接触到其他物体的情况下发生。

11. 中深、深浅边

图 4-12　中深、深浅边

(1)疵病状态:布两边及一边与布中间的色相或深度不一致(图 4-12)。

(2)产生原因:由于织物练漂工程不良或筛网框、刮浆板安装不良、刮浆板压力不匀以及浸轧或发色工程不当所致。

12. 印花水渍

(1)疵病状态:由水滴造成的污点或花斑(图 4-13)。

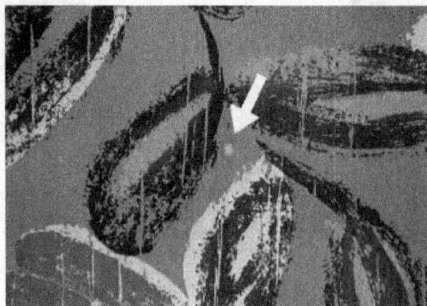

图 4-13　印花水渍

(2)产生原因:这是由于织物在印花之后蒸化结束之前的一段时间内滴上冷凝水或溅上水滴所致。

八、整理疵病

1. 高温变色

(1)疵病形态:深浅不均的变色,呈金属色样的色块。

(2)产生原因:

①烘燥整理时单辊筒烘燥机第一道烘燥蒸汽压力过高或多辊筒烘燥机第一只烘筒蒸汽压力过高;

②烘燥整理车速过慢。

2. 松板印

(1)疵病形态:布面显示出树木生长的年轮花纹。

(2)产生原因:

①烘燥时产生的水蒸气未排净;

②导布未烘干,产生头梢松板印;

③ 单辊筒或多辊筒烘燥机卷轴皮带过紧,张力过大。

3. 极光(轧光印、条印)

(1)疵病形态:布面呈现有规律或无规律的点状、条状或块状亮光。

(2)产生原因:

①压辊布包得不平整,压辊布已损坏,呢毯起皱,造成有规律的极光;

②压辊布内裹入纱头或其他杂物,与布面摩擦产生极光;

③定形整理时,出风口处幅宽与中位幅宽接近,在织物边部产生极光印;

④烘燥整理时,与织物摩擦产生无规律的经向极光。

4. 纬斜

(1)疵病形态:织物表面的经纬丝不垂直或花纹歪斜。

(2)产生原因:

①卷染机染色时,直接蒸汽开得过大,冲击织物,或导辊不水平,造成纬斜;

②上轴时织物歪斜,没有及时纠正;

③缝头不齐;

④定形机两边针布铗只数有差异。

5. 手感疲软

(1)疵病形态:布面熟软,无身骨。

(2)产生原因:烘燥过度。需拉幅或呢毯整理的织物在整理前应带一定的含潮率。

6. 门幅不合要求

(1)疵病形态:布面门幅宽窄不一。

(2)产生原因:

①定形机指针门幅与实际门幅不符；

②调幅螺杆损坏，使指针门幅和实际门幅不符；

③前、中、后位调幅装置的离合器没有啮紧，造成门幅自动移位，影响落布门幅；

④定形前织物的门幅显著低于或超过要求门幅。

7. 内在质量差

(1)疵病形态：织物的断裂强力、曲磨、撕破强力等指标显著下降，不符合成品服用要求。

(2)产生原因：

①树脂整理时，树脂的用量不当，添加剂用量过少或过多。

②焙烘温度、定形温度过高，时间过长。

③催化剂选择不当。

④在整理过程中，以酸性化合物做催化剂时，后处理水洗不充分。

⑤在一系列加工过程中，织物所受机械张力过大。

8. 缩水率大

(1)疵病形态：织物的成品缩水率超过检验标准的允许范围。

(2)产生原因：

①各道工序的张力过大。

②烘燥整理选择的设备不当。

9. 游离甲醛含量超标

(1)疵病形态：织物上的游离甲醛含量超过规定。

(2)产生原因：

①采用含甲醛的整理剂整理时，后处理不充分；

②树脂整理时，选用的单体比例不合理，造成初缩体溶液中游离甲醛含量过高；

③催化剂的用量太低、焙烘的温度太低、时间太短，使树脂交联不充分，织物上残留游离甲醛浓度太高。

任务七 纺织品质量控制

【任务导入】

作为染整跟单员，生产过程中可能遇到这样或那样的问题，王某某如何监控染整加工的品质，要做好哪些检测工作才能保证产品生产的正常进行？

【知识要点】

纺织品质量控制主要包括外观质量控制及内在质量控制，外观质量控制主要是外观疵点检验和控制。内在质量控制主要包括门幅、缩水率、色牢度、风格、强力等指标的控制。

一、纺织品外观质量检验

纺织品外观质量检验的过程控制应该从检验内容、检验人员、检验设备、检验场地等方面进行。

1. 检验内容

纺织品外观检验主要是原料疵点、织造疵点、前处理疵点、染色疵点及整理疵点的检验。原料疵点主要有条干不匀、大肚纱、接头过多、纱节、氨纶包覆丝不过关、混纺纱混合不均匀等。原料质量不好易引起纺织品成品质量大幅度下降,匹样确认时就要严格检查,以便及早发现问题。织造疵点与生产设备、生产原料、操作者技术水平及织物组织结构等因素有关,常见的有机织物上断经断纬、纬密过密或过稀、经纱纬纱错位等疵病,织造疵点较多或无法解决时,可采用吊线让码、开剪拼匹等方法提高产品等级。前处理、染色及后整理疵点一般是在染整加工过程中,一般是由于工艺控制及设备控制出现问题而引起的,这也是染整跟单员要重点注意的环节。

2. 检验人员

检验人员可以从生产人员的文化程度、年龄、性别、身高及所受培训几方面来考虑。文化程度过低,对生产工艺要求的理解可能会有较大偏差,一般要求初中以上文化,检验人员年龄最好在50岁以下,身高150cm以上。女性一般有耐心,更适合做纺织品检验员。对于检验人员,系统培训是非常必要的,它可以有效地提高检验人员的水平,保证检验的效率及准确性。

3. 检验设备

检验车间尽量采用全自动产品检验设备。人工检验虽然生产效率较高,漏检率较低,但对于大宗常规产品的检验,采用自动检验设备效果较好,而且有的国外客户比较重视生产企业的自动化检验设备。实际生产中一般采用自动化检测设备检验,但还需要人工辅助检测,以进一步提高检验效果,降低漏验率。

4. 检验场地

检验场地可分为待检产品区域、检验区域、次品堆放区域、回修返工堆放区域、正品堆放区域及产品包装区域。有些企业的产品包装区域可以另设场地,但大多数企业的内部产品检验场地内都设有产品包装区域。检验场地是产品检验车间的主体,要求光线柔和,阳光不直射,通风良好,安全通道绝对宽敞。

待检区域主要堆放没有检验的产品,待检产品不能直接接触地面,以减少检验过程对织物的沾污。检验区域由检验工作台和照明系统两部分组成。检验员通过检验设备对纺织品进行检验,发现疵点则进行标注和记录,对产品进行等级评定。次品和回修返工堆放区域是根据产品情况分类进行次品或返修品的堆放,再进行统一处理,以减少损失。正品堆放区域需要较大面积,应该距离包装区域较近,方便成品包装。产品包装区域要方便装箱及运输,最好距离大门较近。

二、纺织品内在质量控制

染整加工过程中前处理的练漂、染色、印花及后整理的质量控制各有不同的侧重点,不同的纤维品种,使用的染化料助剂及加工工艺也各不相同,应结合生产实际综合分析。

1. 练漂产品的内在质量控制

(1)强力影响因素及控制。纤维强度与其本身的结构有关,纤维的结晶度越高,强度越大;取向度越高,强度越大;结晶越完整,强度越大。强力主要受加工设备和工艺因素两方面影响。加工设备对纤维的影响较大,织物在加工中受到设备的挤压和拉伸,使组织结构发生变化,影响到织物的强力。工艺因素主要是碱剂及氧化剂的用量大小,加工时间和温度以及水洗是否充分对强力都有明显的影响。一般是助剂用量大、加工时间长、温度高及水洗不充分易导致织物强力下降。应在生产中重点关注这些因素。

(2)白度的影响因素及控制。白度的影响因素主要有原料品质及加工工艺。以棉为例,棉的原料品质越好,精练去杂越彻底,白度越好。漂白剂的种类和用量、加工的时间、温度及 pH 值都对织物的白度影响较大,质量控制也应从这些方面入手。

(3)毛细管效应的影响因素及控制。毛细管效应值是衡量织物润湿渗透性能的重要指标。合格的练漂半制品应具有 8cm/30min 以上的毛效值。毛效值受织物组织、纤维种类及练漂工艺效果的影响。一般亲水性好、织物组织疏松的轻薄织物和练漂作用充分的织物毛效值较高。

(4)缩水率。影响织物缩水率的因素主要有纤维本身吸水溶胀能力、织缩率及染整加工过程中的张力所造成的伸长。织物的组织结构及织造张力不同,织缩率也不同。织造张力小,织物紧密厚实,织缩率大,织物的缩水率小;反之,则缩水率大。加工时,应尽量减少设备对织物的张力影响,如采用松式加工可有效地降低织物缩水率。

2. 染色产品的内在质量控制

染色产品的内在质量主要是织物的透染性和染色牢度两方面。

(1)透染性控制。透染性是指织物内外、纱线内外、纤维内外颜色均匀一致,达到匀染、无环染、无白芯等现象出现。透染性控制主要从染料性能、助剂、温度和时间几方面考虑。染料分子结构简单,体积小,对纤维的亲和力小,扩散速率大大提高,透染性较好。渗透剂等助剂对染色的透染性有加强效果,但用量不能过大。适当地提高染色温度和延长染色时间,也对提高透染性有显著效果。

(2)染色牢度。染色牢度是指染色制品在使用或在染后的加工过程中,染料在各种外界因素的影响下,保持原来色泽的能力。染色牢度主要有耐摩擦、耐皂洗、耐汗渍、耐熨烫、耐日晒、耐气候、耐氯漂、耐升华等指标。耐日晒牢度分为 1~8 级,8 级最高,将耐摩擦、耐皂洗、耐汗渍等色牢度分为 1~5 级,5 级最高。染色牢度的控制主要从染化料助剂的筛选、生产工艺的控制等方面考虑。针对不同的纤维品种,选择合适的染料及染色助剂可以有效地提高产品的各项牢度,同一染料助剂用在不同纤维上往往牢度也不同,需要印染厂技术人员进行小样测试检验。染色的工艺控制对色牢度也有一定的影响,染整跟单员在生产时也可协助印染厂生产部门对产品生产进行监控,保证产品的染色牢度符合订单要求。

3. 印花产品的内在质量控制

印花产品内在质量控制主要包括缩水率、色牢度、断裂强力、撕裂强力、甲醛含量、环保染料等项目。其中色牢度又包括耐摩擦、耐皂洗、耐汗渍、耐熨烫、耐日晒、耐水浸牢度等指标。

对不同的印花产品,根据用途和印花方法的不同,跟单时质量的控制侧重点往往不尽相同。

如涂料印花产品注重干、湿摩擦牢度、耐日晒牢度、耐皂洗牢度和手感;拔染印花产品,除了注重色牢度,还要控制好断裂强力;活性染料印花产品注重耐日晒、耐皂洗、耐水洗牢度;分散染料印花产品还应控制好分散染料的升华牢度。

4. 整理产品的内在质量控制

纺织品的整理质量和纤维性能、织物结构、整理助剂及整理工艺有关。如棉织物主要侧重织物的密度、断裂强力及缩水率的质量控制,蚕丝、黏胶长丝、合纤丝织物主要侧重密度、断裂强力、平方米质量、缩水率及织物的抗皱性、抗起球性等质量指标。精梳及粗梳毛织物主要侧重幅宽、平方米质量、断裂强力、缩水率、纤维含量、密度、抗起球性能等质量指标,毛毯则主要控制单条质量、断裂强力、缩水率、长度和宽度等质量指标。

纺织品的特殊整理,如抗皱整理、阻燃整理、拒水整理、抗静电整理、卫生整理等,主要是从助剂选择及整理工艺上进行控制,保证达到客户需要的功能效果。另外,还要考虑整理后织物的 pH 值、重金属及甲醛含量是否超过客户的标准,发现问题要及时处理,保证订单的交货期不受影响。

任务八　产品的包装、装箱和运输

【任务导入】

经过前期的工作,印染厂已按照要求加工好了产品,跟单员王某某还需要做好哪些工作才能顺利完成这笔订单?

【知识要点】

纺织品加工的最后一道工序通常为产品的包装,对于外贸出口的产品,除了产品包装外,产品的装箱和运输也非常重要。外贸出口纺织品装箱是指包装产品装入集装箱的过程,运输是指把集装箱从生产地运送到海运码头的过程。国内贸易一般可直接发货装车,运输是从生产地运送到国内客户手上的过程。

一、产品包装

纺织品出厂之前的包装涉及包装场地、产品堆放、包装人员、包装方式、包装材料、包装要求等多项内容。染整跟单员熟练地掌握出口纺织品包装的内容,对于保障产品质量、保证及时交货都有重要意义。

1. 包装场地

产品包装是在包装场地完成的,检验合格的产品包装以后就可以生成产品码单。产品包装结束以后,整个订单的全部码单就会产生,跟单员根据码单就可以了解成品的详细信息,进而提供给客户。包装场地可以设置在距离车间大门较近的位置,但要防止成品浸水、暴晒、淋雨等现象。产品装箱后不宜叠放过高,底层需垫有木架,防止受潮。包装区域的安全通道要足够宽敞,便于货物装箱。有条件的应尽量扩大产品包装区域的面积,它可以明显提高包装的效率和质量。

2. 包装人员

产品包装人员的技术熟练程度决定了产品的包装质量和包装效率。企业应对包装人员进行必要的技能培训,不仅可以提高包装质量,保障产品的安全,还可以提高包装效率,降低包装材料的损耗,降低企业的生产成本。

3. 包装材料及包装过程控制

纺织品包装分为内包装和外包装,内包装所用材料通常包括封头用透明胶带纸、彩印封头纸、轴芯纸管、产品标识、烫金标识、内唛和透明包装材料等。卷装纺织品打卷时常用纸管做内芯,以提高整卷织物的保形性。纸管的硬度越高,整卷织物的变形性就越好,尺寸稳定性也就越能够得到保证。每卷卷装织物打卷结束后,必须用封头纸封头。封头时织物靠近两端处用宽度适当的透明胶带将封头纸封闭,以避免卷装织物散开。

包装的产品标识可由客户提供或由生产企业提供,产品标识上主要印制经销公司的名称、注册商标、公司地址和联系方式等内容。产品的内唛一般包括门幅、颜色、批号、卷号、长度。内唛上不能有任何贸易公司和生产厂家的信息。经过打卷、封头、贴唛后的卷装产品还需要内包装,内包装主要材料为透明的塑料布,既有防潮、防污染的作用,又能在打开外包装后清楚地看到纺织品的颜色或花纹图案。

纺织品除了有内包装,还有外包装。外包装的形式多种多样,如用涤/棉半漂布、蛇皮袋、瓦楞纸箱等。外包装材料的尺寸由产品的尺寸决定,产品的门幅、米长、厚度和纸管内芯直径等因素决定了纺织品的外形尺寸。布袋包装和蛇皮袋包装的外唛一般用记号笔人工书写的方式完成。产品的货号、合同号必须按照客户的要求书写。纸箱包装时外唛的书写可采用刻印的方式,将米数、箱号、质量等常用指标用刻印的数字和字母表述。纸箱的外唛主要包括批号、颜色、箱号等内容。

4. 包装方式

大部分机织物在包装时选用卷装方式,但也有少数选用匹装包装方式的客户。包装方式与客户的要求有关,还与产品的基本特点有关。如经向弹力织物采用卷装包装时,由于打卷时经向张力出现波动,很容易在织物内形成应力,待织物退卷后,表面的颜色出现局部差异、织物厚度出现偏差,容易引起贸易纠纷。匹装织物包装时也有较大的经向张力,产生内应力,但包装结束后应力可以很快消失。匹装包装有可能在折转处影响弹力织物的弹力,也可能产生折痕,但仍然是一种较好的包装方式。非弹力纺织品,一般采用卷装包装。

二、产品的装箱和运输

纺织品产品包装完成后,下一道工序就是产品装箱。跟单员要准确地计算产品的体积及重量,确定产品运输的集装箱型号,装箱过程中要精确计量产品的数量,传送产品装箱码单,并指引货物顺利到达外贸纺织品的储运仓库。

1. 运输船期

产品的交货期决定了产品的进仓日期。如果不能保证产品在有效期内提前进入海运码头,就无法保证产品的交货期。产品提前48h进港是保证船期的前提。染整跟单员必须随时掌握产品的包装进度,及时把产品包装的具体完成时间和产品总体积通知上级主管,由主管联系安排船期,确认集装箱号。目前我国纺织品出口大多采用离港价结算方式,在产品报价时,FOB价格是大多数纺织品贸易公司所采用的价格。航运费用不包括在产品价格之内。

2. 体积计算

产品体积的计算是确认集装箱型号的基础。目前常用的集装箱有三种规格,第一种为20英尺(1英尺=0.3048m)长,8英尺6英寸的小柜;第二种为40英尺长,高度为8英尺6英寸的大柜;第三种为40英尺长,高度为9英尺6英寸的超高柜。小柜内部实际体积约为36m^3,大柜内部体积约为73m^3,超高柜内部的有效体积为84m^3。

散装无外包装的卷装纺织品体积计算以匹为单位,根据直径和长度可以计算出单匹体积。由于每匹卷装织物截面为圆形,每层两匹织物会有一定的弧形空隙,因此依据单匹体积计算的总体积会比实际的装箱体积大10%左右。瓦楞纸箱包装的产品也会因为纸箱排放问题而浪费一定的体积,因此按照纸箱计算的总体积一般比实际装入集装箱的体积大10%左右。

3. 数量计算

由于实际装入集装箱的纺织品数量与实际打包数量不符,需要在装箱时精确地计量装入集装箱内纺织品的实际数量。装入集装箱内的实际数量才是完成合同的数量,即结算数量。根据实际装箱数量给客户传送装箱码单时,打印的码单必须十分清楚,防止码单不清引起麻烦。

4. 集装箱关门

集装箱关门时,可以把剩余的少量货物采用比较灵活的办法装入集装箱,尽量提高集装箱的利用率。装箱结束后必须由集装箱司机和贸易公司代表在装箱单上签字,并核对封条状态。

项目五　综合实训

一、实训内容

天津 EASE 纺织品进出口有限公司是一家主要从事纺织品出口业务的国际贸易公司,主要客户来自中北美地区。2011 年 1 月,ASHLEY-WLL 公司经过考察与洽谈,决定委托天津亿思纺织品进出口有限公司生产一批女式 T 恤衫,并于 2 月 2 日下达订单,并随附相关工艺要求以及补充资料等。EASE 纺织品进出口有限公司于是指派外贸跟单员陆某某负责此订单跟踪。任务包括选择生产企业、打样跟踪、组织生产、包装运输等一系列任务在内的全程跟单业务。请根据订单进行以下任务操作。

1. 订单分析

外贸跟单员陆某某接受经理委派,于 2011 年 2 月 2 日接手女式 T 恤衫订单。根据客户指标,需要在 4 个月内完成所有生产、检验、包装等任务,装运起航。请分析《外贸订单》、《生产工艺单》等一系列原始单据,找出以下订单信息。

(1)数量价格要求:数量条款、价格条款、价格术语、溢短装条款、支付条件。

(2)工艺要求:主料成分、面料克重、缩水率、色牢度、禁止条款、面料特殊处理。

(3)样品要求:色样、初样、确认样、大货样。

(4)包装要求:外包装、内包装、箱唛制作、包装配比。

(5)运输要求:运输方式、交货方式、指定船公司、指定物流。

(6)质检要求:客户检验、第三方检验、法定商检、检测报告、AQL 值。

2. 制订跟单工作计划

外贸跟单员陆某某在完成基本的订单信息分析后,需要根据订单所涉及的关于交货期的要求,为自己制订工作计划。请分析外贸订单以及相关补充资料,找出其中关于交货期等相关时间条款,制订工作计划,安排工作任务。跟单计划应当包括样品跟单、原辅料跟单、生产跟单、包装跟单及运输跟单的具体日程安排。

(1)样品跟单计划日程安排:具体包括分析订单、联系客户、选择生产企业、进行验厂、原辅料样、色样、初样及确认样等日程安排。

(2)原辅料跟单日程安排:具体包括制作采购单、批量采购、原材料检验及原材料入库等日程安排。

(3)生产跟单日程安排:具体包括下达生产计划表、安排生产进度、产前样、大货样、销售样、日常验货、中期检验、尾期检验、自检/第三方检验及船样等日程安排。

(4)包装跟单日程安排:具体包括安排包装计划、包装检测及包装作业等日程安排。

（5）运输跟单日程安排：具体包括集装箱装箱和交付单据的日程安排。

3. 样品检验

请准确翻译样品规格单，并将样品要求和规格单用电子邮件发送给企业跟单员。外贸跟单员从生产企业处取得样品后，需要根据订单工艺要求完成样品的检验工作。现取其中一件样品，请完成对该样品的检验。检验完成后如有错误，请将修改意见用电子邮件发送给企业跟单员。

4. 原辅料检验

根据 PANTON 色卡检验面料颜色，检验主唛和洗唛的缝纫位置、包装挂牌及价格牌等辅料信息是否正确。

5. 抽样检验

根据《GB2828—2003 计数抽样检验程序》对大货进行抽样检验。

6. 包装与箱唛

外贸跟单员通过对客户包装要求的分析，选择合适的包装材料，制作箱唛，计算包装规格与数量。

7. 单据交付

外贸跟单员陆某某已经完成整个跟单业务，需要将相关单据交付客户与货运代理人，现有单据如下：

（1）SALES CONTRACT

（2）SPECIFICATION SHEET

（3）SAMPLING

（4）LABELS & STICKERS

（5）PACKING

（6）SHIPPING

（7）QUALITY CONTROL

（8）BILL OF LOADING

（9）COMMERCIAL INVOICE

（10）CERTIFICATION OF ORIGIN

（11）INSPECTION REPORT BY SGS

（12）FINAL INSPECTION REPORT

（13）SUPPLIER VISIT REPORT

（14）INSURANCE POLICY

（15）PACKING LIST

（16）《核销单》

（17）《报关单》

（18）《报关委托书》

二、实训表单

ASHILEY WLL CO., LTD.

12F Skykee MansionNo.92 SquareAvene, Boston, U.S.

Phone:001-617-3329032 Fax:001-617-3329099

Contact:JACKEY LEE   E-mail:JACKEY@ ASHLEYWLL.COM

SALES CONTRACT

Date: 2nd feb 2011   Signed at: Fax

BUYER: A SHLEY WII TRADE CO., LTD.(BOSTON, U.S.)

SELLER: EASE TEXTILE IMPORT & EXPORT CO., LTD.(TIANJIN, CHINA)

Ship to: BOSTON, U.S.

Start to: 2011-05-21

Latest Ship: 2011-05-29

No	DESCRIPTION OF GOODS	QUANTITY	UNIT PRICE	AMOUNT
1	WOMEN T-SHIRTS Collection Code: SKS-11 SUMMER Fabric Content: 100% organic cotton Fabric Weight: 140(±5)g/m² Fabric name: single lersey Color: Golden Red Blue GOLDEN ROD (CERISE) RED BLUE (IRIS)	10,200 PCS GOLDEN: 3600 PCS RED: 3600 PCS BLUE: 3000 PCS 5% MORE OR LESS IN QUANTITY & AMOUNT ARE ALLOWED.	US $ 2.88/PCS CFR BOSTON USA	US $ 29,376.00
	TOTAL	10,200PCS		US $ 29,376.00

WOMEN T-SHIRTS   SALES CONTRACT   PAGE1

REMRKS

Our shrinkage allowances for both width and length is maximum 3%.

The color fastness of fabric must be 3 (WET) and 4 (DRY).

All our fabrics must be antipilling.

Garments must be free from AZO, PCP and heavy metal (chromium (VI), nickel cadmium ect).

DOCUMENTS

DOC 1 FACTORY WORKING PROCEDURES-SAMPLING

DOC 2 FACTORY WORKING PROCEDURES-LABELS AND STICKERS

DOC 3 FACTORY WORKING PROCEDURES-PACKING

DOC 4 FACTORY WORKING PROCEDURES-SHIPPING

DOC 5 QUALITY CONTROL

DOC 6 SPECIFICATION SHEET

DOC 7 OTHER INSTRUCTIONS

TERMS OF PAYMENT

The buyers shall pay 100% of the sales proceeds through sight draft/by T/T remittance to the sellers not later than _____ .

The buyers shall issue an irrevocable L/C at × sight through BANK OF CHINA in favor of the sellers prior to FEB 10, 2011 indicating L/C shall be valid in china through negotiation within 15 days after the shipment effected, the *L/C must mention the S/C no.*

Documents against payment：

The buyers shall duly make the payment against documentary draft made out to the buyers at sight by the sellers.

Documents against acceptance：

The buyers shall duly accept the documentary draft made out to the buyers at _____days by the sellers.

DOCUMENTS & REQUIRED

The sellers shall present the following documents required for negotiation/collection to the banks.

Full set of clean on board ocen Bills of lading.

Signed commercial invoice in THREE originals and TWO copies. A certificate evidencing that the garments are neither of requirements for concentration limits for certain hazardous substances nor do they contain hazardous materials on the health of human populations and environmental is requested separately.

Packing list/weight memo in THREE copies.

Inspection certificate of quantity and quality in ONE original issued by ITS (TianJin Branch).

Insurance policy in TWOcopies.

Certificate of origin onONE original issued by Chian Chamber of Commerce.

WOMEN T-SHIRTS   SALES CONTRACT   PAGE 2

CLAMS

The claims, if any regarding to the quality of the goods, shall be lodged within 30 days after arrival of the goods at the destination, if any regarding to the quantities of the goods, shall be lodged within 7 days after arrival of the goods at the destination. The sellers shall not take any responsibility if any claims concerning the shipping goods are up to the responsibility of insurance company/transportation company/post office.

FORCE MAJEURE

The sellers shall not hold any responsibility for partial or total non-performance of this order due to force majeure. But the sellers advise the buyers on time of such occurrence.

LAW APPLICATION

It will be governed by the law of the People's Republic of China under the circumstances that the order is Chinese legal person, otherwise it is governed by United Nations Convention on Contract for the International Sale of Goods.

The terms in the order based on INCOTERMS 2010 of the international Chamber of Commerce.

VERSIONS

This order is made out in both Chinese and English of which version is equally effective. Conflicts between these two languages arising there from, if any, shall be subject to Chinese version.

This contract is in <u>TWO</u> copies, effective since being singed/sealed by both parties.

Representative of the sellers   **Representative of the buyers**
Authorized signature   **Authorized signature**

SPECIFICATION SHEET

12F Skykee Mansion No. 92 Square Avenue, Boston, U. S.
Tel: (001) 617-3329032
Fax: (001) 617-3329099

ASHLEY WII SKS-12 SUMMER

SKS-12 SUMMER

Model name:	SEIC
Collection Code:	SKS-12
Model Code:	STYLE No. 625
Main Fabric:	ORGANIC COTTON
Sizing:	XL

General Requires:

1. Garments must be free from AZO, PCP and heavy metal (chromium(VI), nickel cadmium etc).

2. 3% more or less in quantity & amount are allowed.

3. Allowable Shrinkage: 5%×5%

4. The color fastness of fabric must be 3(WET) and 4(DRY).

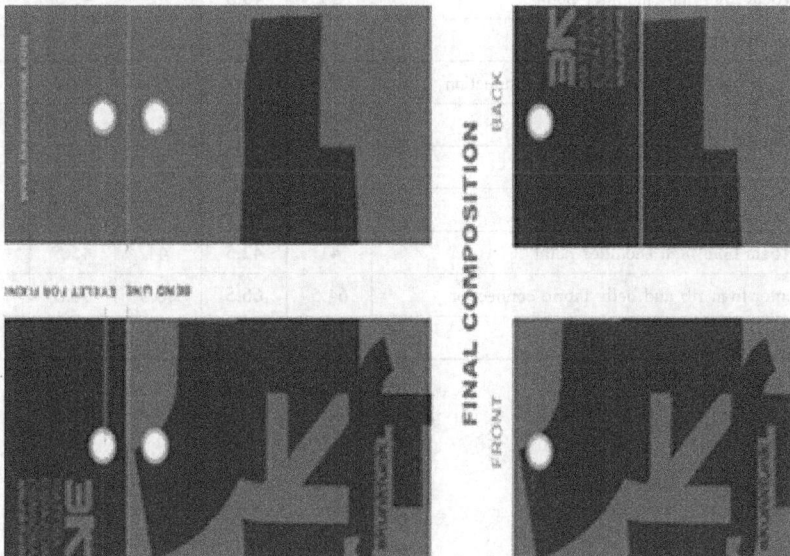

FINAL COMPOSITION

Placement hangtag: without safely pin, into the loop in the back of the garment.

Placement Size/Washcarelabel: On the left side seam at 10cm from the lower seam.

SPECIFICATION SHEET

MEASUREMENTS

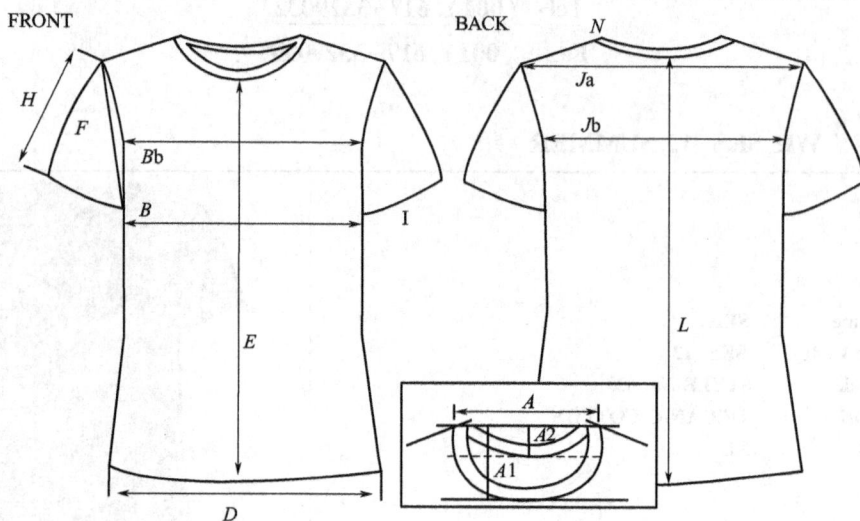

	MEASUREMENTS	S	M	L	XL	SCALE	XXL
A	Neck opening from rib and body fabric connection	19.5	20	20.5	21	0.5	21.5
A1	Front neck drop from rib and body fabric connection	10.4	10.7	11	11.3	0.3	11.6
A2	Back neck drop from rib and body fabric connection	3.5	3.5	3.5	3.5	0	3.5
B	Chest at 2cm bellow armhole, seam to seam	48	50	52	54	2	57
Bb	Cross front at 16cm from high shoulder point	39	40.5	42	43.5	1.5	45
D	Front lower seam at the edge, seam to seam	47	49	51	53	2	56
E	Front length center from rib and body fabric connection	57.6	59.3	61	62.7	1.7	63.9
F	Diagonal armhole	22.5	23	23.5	24	0.5	24.5
H	Sleeve length	22	22.5	23	23.5	0.5	24
Ja	Cross shoulder	44	45.5	47	48.5	1.5	50
Jb	Cross back at 16cm from high shoulder point	41	42.5	44	45.5	1.5	47
L	Back length center from rib and body fabric connection	64.5	66.5	68.5	70.5	2	72
N	Neck rib height	1.5	1.5	1.5	1.5	0	1.5

ASHLEY WII SKS-12

Model Name: SEIC
Model Code: STYLE NO. 625

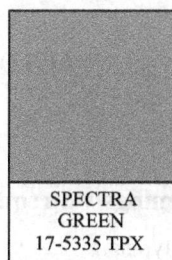

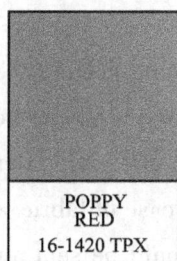

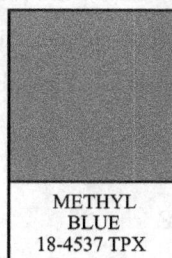

SPECTRA
GREEN
17-5335 TPX

POPPY
RED
16-1420 TPX

METHYL
BLUE
18-4537 TPX

Main Fabric	Version	Pantone name	Pantone No.
FF	FF1	SPECTRA GREEN	17-5335 TPX
	FF2	POPPY RED	16-1420 TPX
	FF3	METHYL BLUE	18-4537 TPX

SAMPLING

ASHLEY WII SKS-12 SUMMER

18F ATD Building No. 139 Duck Street, New York, U. S.

Tel: (001) 212-99874832

Fax: (001) 212-99874839

FACTORY WORKING PROCEDURES

1. SAMPLING

These are the timings we request for SAMPLING:

2 weeks for prototypes

3 weeks for approval samples

5 weeks for salesman samples (bulk)

1.1 LABDIP

Once we send the information about fabrics and colors, the factory must send all lab dips and fabric swatch requested to Quality Department of our office for confirmation in 5days.

These lab dips should have a minimum size of 10cm×10cm and each color will have different tonal options, so that we can have a choice. In case of fabric wash, we will only confirm the color after it has been washed. Therefore lab dips should be sent after washed in the requested processes.

1.2 FIRST PROTOTYPE

A first prototype needs to be sent to our office: Size 2 for women and Size L for men.

If the fit of the sample is not correct, we will request a correction sample to be sent to us, if the fit is ok we will request an approval sample.

1.3 APPROVAL SAMPLE

These samples should be done using definite fabric, colors, decorations and accessories.

All approval samples must be sent with final hangtags, stickers and wash care label, with the instructions given by us.

We ask factories to confirm strictly to giving their quotes together with the approval sample.

1.4 SALESMAN SAMPLE

After we have confirmed approval samples, the factory should develop the salesmen sample sets, respecting our comments.

It is very important that all models in the requested quantities and in perfect condition are sent on time.

Salesman Sample must be from BULK.

Please note that any incorrect or late salesmen sample will incur into penalties.

1.5 SHIPPING SAMPLE

Once you have finished production, an assortment of each model (one per size showing each size in a different color) must be sent to our Hangzhou office.

Once we have confirmed these styles you will receive the assortment back, however the sample in size 2 for women and L for men will be sent to our Gernika office to be kept there.

1.6 GENERAL NOTES

Never use black for samples

All original samples should need to be returned in good condition unless otherwise agreed.

Paper pattern must be passed to us, upon request.

Stickers:

The approval samples and the salesman sample should wear the specified hangtags and stickers.

It is most important that the sticker quality you use for hangtags is of good quality and sticks on the hangtag permanently, The size of the sticker should be of 45mm×45mm.

This same sticker should also be put on the polybag in which the garment is packed.

LABELS & STICKERS

ASHLEY WII

12F Skykee Mansion No 92 Square Avenue, Boston, U. S.

Tel: (001) 617-3329032

Fax: (001) 617-3329099

FACTORY WORKING PROCEDURES

2. LABELS AND STICKERS

Please send us (to: Jon and Loana) by email a sample of each style sticker to check compatibility with our bar code readers.

Jon@ gmail. com

loana@ hotmail. com

Hangtag sticker: The sticker is placed on the **sticker hangtag** (where it says "sticker"), as shown below:

The sticker on the hangtag must be **face up and easily visible from outside once the polybag has been sealed.**

(The below hangtag example is from prior season. Use the current one. Same for the sticker drawing and polybag graphics).

SKUNKFUNK MAIN STICKER HANGTAG/HTSM

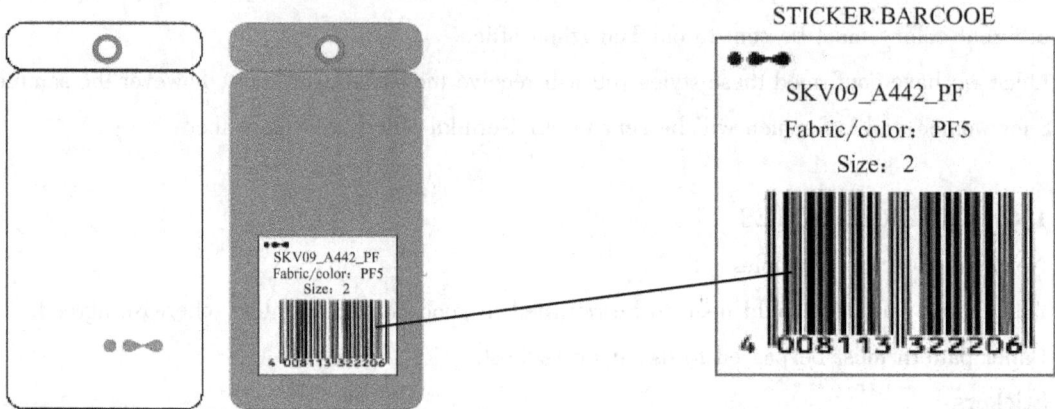

Polybag sticker: Place in the lower right corner, as shown below:

GARMENTS

Hangtags should be attached to garments with a knot that should be resistant enough not be pulled of.

The hangtag should wear a sticker which does not peel off. The size of the sticker should be 4.5cm×4.5cm.

Sample of stickers

For ASHLEY WII

Example when garment has a name (appears on the first line):

45mm

```
 ●●◄
        MIKEL
     SKV09_PO442_PF
   Fabric/color: PF5
        Size: 2

  1 234567 890128
```

45mm

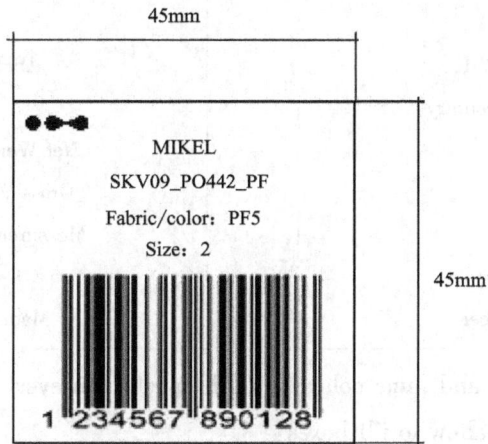

Example when garment has no name (code repeated) :

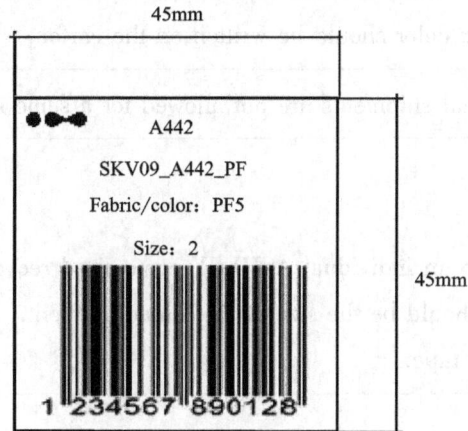

45mm

```
 ●●◄
        A442
     SKV09_A442_PF
   Fabric/color: PF5
        Size: 2

  1 234567 890128
```

45mm

PACKING

ASHLEY WII

12F Skykee Mansion No. 92 Square Avenue, Boston, U. S.

Tel: (001) 617-3329032

Fax: (001) 617-3329099

FACTORY WORKING PROCEDURES

3. PACKING
PACKING INSTRUCTIONS
Shipping Marks: 2 Prints (Main Mark & Side Mark)

ASHLEYWII	ASHLEYWII
Destination: (country)	
Sale No.:	Net Weight: KGS
Color:	Gross Weight: KGS
Size:	Measurement: ×× CM
Quantity	
Carton number:	Made in China

Same model, same size and same color should be packed in every carton.

If the quantities do not allow to fill boxes:

Same model, same color, different sizes.

Colors and sizes must be clearly separated in the carton with a carton sheet.

The detail of each size or color should be written on the carton.

> Partial shipments are not allowed for a same style.

Polybag

All pieces are folded into an individual ASHLEY customized recyclable polybag, ordered from:

The individual polybag should be the size of the folded garment.

Polybags are sealed with tape.

> All garments within the carton should be packed in a "big" inner polybag (provided by. you) with the size of the carton. Do not have to be from TangShan Uncomin.
>
> Biodegradable Plastic Co.

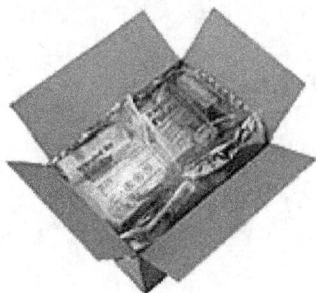

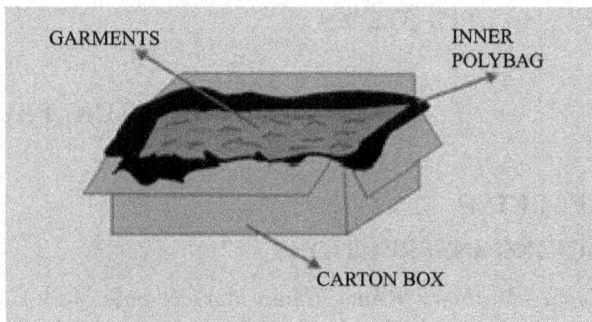

Cartons

Standard sizes：

1. 50cm length×40cm width ×40cm height（for women's）.

2. 60cm length×50cm width ×40cm height（for men's）.

Carton must be thick and resistant enough not to be damaged during transportation.

Other cartons should be double corrugated cardboard.

All cartons should be lined with plastic to prevent spillage in the case of a carton breaking.

As a general rule, no carton should weight more than 15 kilos.

SHIPPING

ASHLEY WII

12F Skykee Mansion No. 92 Square Avenue, Boston, U. S.

Tel：（001）617-3329032

Fax：（001）617-3329099

FACTORY WORKING PROCEDURES

4. SHIPPING AND LOGISTICS

4.1 SHIPPING ADVICE

The sellers shall immediately, upon the completion of the loading of the goods, advise the buyers of the contract no, names of commodity, loaded quantity, invoice values, gross weight, names of vessel and shipment date by E-MAIL/FAX.

4.2 LOGISTIC PLATFORM

Except stated otherwise, all goods should be delivered to our logistic platform, ELEE, in Tianjin, Detail as following：

> **Elee Logistics China**
>
> Contact person：Michael Ma
>
> michaelma@ elee china. com
>
> Address：Shunfeng Road 60#，（Suni Road 375#），Tianjin, China
>
> Tel：+86（0）22-3912 1234-230
>
> Fax：+86（0）22-3912 1237
>
> Cell：13902212345
>
> The normal operation hours of platform are 8：00-18：00 from Monday to Friday.
>
> In case cartons are damaged during transport, Elee will inform vendor to bring extra cartons to replaced damage cartons at their cost.

All shipments should be sorted by destination: Spain (EU), Australia (AU), Canada (CA) and United States (US).

States (US).

> We ask factories to send shipments to ELEE as soon as they have a minimum of 6, 000-8, 000 pieces as ELEE consolidates them with other shipments.
>
> We ask factories to send shipments to ELEE as soon as they have a minimum of 8, 000-13, 000 pieces as full container load with 20 GP or 40 GP.

> An inventory of every shipment is made in our logistic hub in ELEE.
>
> Upon that inventory and in the event of missing pieces, credit notes will be asked to factories for the corresponding missing pieces.

QUALITY CONTRAL

5. QUALITY CONTRAL

GENERAL

We expect high quality standards from our factories. Our team of production controllers based in Hangzhou will dedicate themselves to controlling you meet the required quality standards.

We ask you to facilitate their access to production facilities during production and to fully cooperate with them.

Quality/defects will occur in penalties depending on the extent to which sales are affected

Main categories subject to penalties:

> Print errors (color, position, quality)
>
> Embroidery errors (hanging thread, color, position)
>
> Missing accessories
>
> Wrong measures
>
> Presence of holes
>
> Mould

OTHER INSTRUCTIONS

ASHLEY WII TRADE CO., LTD.

12F Skykee Mansion No. 92 Square Avenue, Boston, U. S.

Tel: (001) 617-3329032　　　　Fax: (001) 617-3329099

DEAR SUPPLER (SELLER):

PLEASE FIND HEREAFTER ALL REQUIRED INFORMATION WE NEED TO START THE FOLLOW UP OF THE ORDER

> **1-PRO-FORMA INVOICE**

In order to prepare the letter of credit application, please send me by e-mail your pro-forma invoice with shipment date, volume, reference, description, quantity, prices...

> **2-ACCEPTABEL QUALITY LEVEL**

The Acceptable Quality Level of SKS-11 SUMMER is 1. 50.

> **3-PACK INSTRUCTIONS**

1piece in poly bag &flat on SKS-11 SUMMER. 24 PCS master pack of solid color seize, with G. W. no more than 15 kgs per carton (according to FACTORY WORKING PROCEDURES-PACKING), Packed in strong export carton and suitable for long distance ocean transportation (see FACTORY WORING PROCEDURE-PACKING).

企业基本信息

天津 Ease 纺织品进出口有限公司　　基本信息

Tianjin Ease Textile Import & Export Co., Ltd

Address：Room 1801−1818, Far East Building, 35#, Nanjing Road, Tianjin, China.

（310009）

开户银行：中国银行天津分行营业部

账号：6200039403940394033

开户名称：天津 Ease 纺织品进出口有限公司

（Tianjin Ease Textile Import & Export Co., Ltd）

TEL：+86 22 89834345/89834348/89834349

FAX：+86 22 89834341

生产企业　基本信息

Tianjin Yudee Fashion Co., Ltd

Address：No. 935 Ease Binshui Avenue, Tianjin, China.

（310209）

开户银行：中国建设银行南开支行

账号：6230039483948394343

开户名称：天津 Yudee 服装有限公司

Connect：Dee Zhang

TEL：+86 22 77890023

FAX：+86 22 77890029

MOB：+86 13802298730

Mail：zhangdee@gmail.com

初次验厂报告

1ˢᵗ TIME SUPPLIER VISIT REPORT

Manufacture_____   Trading Company_____

Basic Information

Name of Company：

Address of Company：

Key Contacts：

Name：_____   Phone：_____   Title_____

E-mail：_____   Fax：_____

Emergency（after hours）：_____

Item Category：

Component：_____   Printed Material：_____

Port：

Ocean Shipment：_____   Air Shipment：_____

Financial（Audited Annual Financial Statement Attached）：

Annual Sales Volume：

Inventory Value Last Year End：

P&L last Year End：

Annual Production Value：

Annual Productivity：

Personnel：

Number of Employees：_____（Organization Chart Attached）

Facilities：

Plat：_____（M2）   Temperature Controlled：_____

Warehouse space：_____（M2）   Temperature Controlled：_____

Others：_____

Quanlity:

ISO certified?

Yes_____   No_____

If Yes, Certifying body: _____

If No, Is there a quality Policy?

Yes_____   No_____

Are there main SOPs?

Yes_____   No_____

Any events related to quality which should be reported?

Yes_____   No_____

If Yes, explain briefly:

_____

Any products outsourced to sub-contractor?

Yes_____   No_____

If Yes, pls. remark product produced/carried/represented:

_____

最终查货报告

FINAL SAMPLING INSPECTION REPORT

1. 常规信息

供应商：

订单号码：_____   订单数量：_____

产品描述：_____

装运日期：_____年__月__日   装运时间：_____

装运数量：_____   运输方式：（ ）海运 （ ）空运

检验日期：_____年__月__日   检验地点：_____

2. 检验方法

检验标准：_____

一次抽样检验的正常检验：_____   样品大小：_____ 件

可接受质量水平：严重_____ 中级_____ 低级_____

采样数量和编号：_____

3. 生产现状

订单数量		实际已包装		生产百分比	包装百分比
件	箱	件/套	箱	%	%

4. 包装/标记/标签

  4.1 包装描述

单独包装：_____

内纸箱包装：_____

出口纸箱包装：_____

  4.2 纸箱标记

出口外箱海运唛头	出口纸箱标记
（在此粘贴照片）	（在此粘贴照片）

打开的纸箱	塑料袋的标记	标签的缝工
（在此粘贴照片）	（在此粘贴照片）	（在此粘贴照片）
产品	主唛	吊牌
（在此粘贴照片）	（在此粘贴照片）	（在此粘贴照片）

5. 做工/外观检查

No.	缺陷描述	严重	中级	低级

6. 尺寸测量/配件检查/功能测试

项目	规格	样品尺寸	实际尺寸	评论
纸箱尺寸				
毛重				
产品尺寸				
厚度测试				
负荷测试				

参考文献

[1]吴俊，刘庆.织造跟单［M］.北京：中国纺织出版社，2007.

[2]张一心.纺织材料［M］.北京：中国纺织出版社，2005.

[3]中国国际贸易学会商务培训认证考试办公室.外贸跟单理论与实务［M］.北京：中国商务出版社，2012.

[4]曹修平.印染产品质量控制［M］.北京：中国纺织出版社，2006.

[5]盛明善.织物样品分析与设计［M］.北京：中国纺织出版社，2003.

[6]郑秀芝，刘培民.机织物结构与设计［M］.北京：中国纺织出版社，2003.

[7]沈兰萍.织物组织与纺织品快速设计［M］.西安：西北工业大学出版社，2002.

[8]杨尧栋，宋广礼.针织物组织与产品设计［M］.北京：中国纺织出版社，1998.

[9]冯麟.成品跟单实务［M］.北京：中国纺织出版社，2007.

[10]张神勇.纺织品及服装外贸［M］.北京：中国纺织出版社，2008.

[11]郭瑞良.织造面料跟单［M］.北京：中国纺织出版社，2009.

[12]贺良震.染整跟单实务［M］.北京：中国纺织出版社，2008.

附录

纺织品外贸跟单部分专业术语中英文对照

organic cotton	有机棉	cross front	前胸宽
single lersey	汗布	front lower	下摆
antipilling	抗起毛起球	front length	前中长
AZO	偶氮染料	diagonal armhole	袖笼深
PCP	五氯苯酚	sleeve length	袖长
chromium(Ⅵ)	三氧化铬	cross shoulder	肩宽
nickel cadmium	镉-镍	cross back	后背宽
heavy metal	重金属	back length	后中长
shrinkage	缩水率	neck rib height	领圈高
color fastness	色牢度	sampling	样品
3(*WET*)	湿摩擦色牢度3级	labdip	色样
4(*DRY*)	干摩擦色牢度4级	first prototype	初样
washcarelabel	洗唛	approval sample	确认样
PCS	件数	salesman sample	销售样
BOSTON	波士顿	shipping sample	船样
irrevocable L/C	不可撤销信用证	stickers	贴纸
S/C no	合同编号	hangtag sticker	挂牌
ITS	天祥检测有限公司	packing	包装
20GP	20尺货柜	*recyclable polybag*	环保塑料袋
G.W.	毛重	*linner*	内衬
gross weight	毛重	shipping	运输
net weight	净重	logistic platform	物流平台
neck opening	领宽	quality control	质量控制
front neck drop	前领深	mould	霉菌
back neck drop	后领深	China Chamber of Commerce	中国商会
chest	胸围	acceptable quality level	可接受质量水平